이종민 테마골프 II

GOLF

프로 숏게임 따라잡기

아카데미북

추천의 글

김흥구
한국경제신문 골프전문기자

이세상에서 가장 정확한 것은 '실제 눈으로 보는 것'이다. 눈으로 보며 확인하는 것은 세상 어느 진실에도 견줄수 없다. 그러나 눈으로 보는 것은 빨리 지나간다. TV골프중계를 보면서 골퍼들은 '스윙이 멋지다'거나 '저런 스윙을 해보고 싶다'고 느끼지만 그 스윙의 구체적 방법론은 절대 이해할 수 없다. 프로들의 완벽하다 싶은 스윙은 그들만의 스윙이자 그들만의 이론일 뿐이다. 더욱이 화면을 통한 배움은 반드시 TV나 비디오라는 '기계'가 있어야 하기 때문에 장소 및 시간적 제약이 뒤따른다. 그것이 바로 TV나 비디오의 한계이다.

반면 책이라는 것은 세세한 설명은 해줄수 있지만 그 논리대로의 스윙을 실제 보여주지 못하는 단점이 있다. 코끼리가 어떻게 생겼다는 것을 아무리 자세히 설명해도 한 번 보는 것에는 미치지 못한다. 그것이 바로 책의 한계, 글의 한계이다.

이 책은 위와 같은 화면의 한계, 책의 한계를 극복한 책이다. 이 책에는 사진 없는 설명이 없다. 설명을 하며 그 동작을 사진으로 보여준다. 또 사진으로 동작을 취하며 그 동작의 포인트를 설명한다. 사진은 가장 정확한 진실을 의미하고 그에 따른 설명은 누구나 알기쉬운 방법론을 제시한다. 따라서 이보다 더 자세하고 더 정확한 스윙 가르치기는 없다는 생각이다.

골프엔 독학이 없다. 그러나 그렇더라도 평생 레슨을 받는 골퍼도 없다. 골퍼들은 언제나 스윙에 의문을 갖는다. 스윙에 대한 의문은 평생 지속된다. 이 책은 이같은 골퍼들의 속성에 대한 해답이 될수 있다. 언제나 갖고 다니면서 의문이 생긴 스윙의 바로 그 부분을 찾아보는 것. '독학, 레슨, 의문'이 '따라잡기 시리즈'로 해결되는 셈이다.

결국 이 책은 골프책의 새로운 도전이다. 모든 이론을 사진으로 증명하며 설명하기란 그 작업의 어려움이 여간 아니었을 것이다. 보는 사람입장에선 간단하고 쉽지만 실제 만드는 사람 입장에선 피를 말리는 과정임이 틀림없다. 골퍼들의 평생 의문이 이 책을 통해 획기적으로 줄어들 것으로 믿는다.

차 례

머리말	6
숏게임	8
제1장 퍼팅	11
퍼팅의 특징	12
퍼팅 그린의 특징	14
퍼터의 종류와 기능	16
퍼팅 그립	18
퍼팅 셋업	20
퍼팅 에이밍	22
퍼팅 스윙	24
퍼팅파노라마	30
제2장 웨지샷	33
컨트롤 스윙	34
스피드 메타법칙	36
이미지 시계 스윙	38
제3장 치핑	40

치핑의 특징	42
치핑 클럽의 기능	44
치핑스윙(Ⅰ)	46
치핑스윙(Ⅱ)	54
스페셜 칩샷	62
제4장 피 칭	**74**
피칭샷의 어프로치	76
하이피치 스윙	84
스페셜 피칭샷	92
제5장 벙커플레이	**96**
샌드 플레이의 특징	98
샌그벙커 스윙	100
스페셜 샌드샷	108
용어해설	**120**
전국 골프장 부킹전화 안내	**126**

머리말

책을 시리즈로 엮어가며 숏게임만을 따로 한 권으로 나눈데에는 두 가지 이유가 있다. 첫째로 골프라는 게임은 홀아웃해야지 끝나는 방식이기 때문이다.

결국 홀 근처에서 처리가 미숙하든지 만회해 주지 못한다면 그전에 아무리 잘한 것도 위안이 되지 못하고 그날의 게임에 대한 만족감이 떨어지는 동시에 아쉬움만 남게 된다.

통계자료를 보면 프로들의 경기에 숏게임이 차지하는 비율이 50% 내외라고 한다. 하물며 아마추어나 특히 여성골퍼들에겐 숏게임이 차지하는 비율이 60~70%는 족히 되지 않나 싶다. 나의 안타까움은 이러한 숏게임의 중요성을 알고 있는 아마추어 골퍼가 많지 않다는 것과, 알아도 풀스윙에 비해서 숏게임 연습의 할애량이 적다는 것이다. 두 번째 이유는 지도자 입장에서보면, 작은 스윙으로 이루어져 있는 숏게임이 가장 합리적이면서 논리적이고 자연스럽게 이론을 제시하며 지도할 수 있고 받아들이게 할 수 있기 때문이다. 운동을 하는데 필요한 요소에는 감각성, 평형성, 민첩성, 유연성, 근력, 지구력 등이 있다. 이것들 중에는 짧은 시간 내에 할 수 있는 것이 있고 그렇지 않은 것도 있다. 숏게임에 필요한 요소들은 짧은 시간 내에 할 수 있는 감각성, 평형성 순이다. 그러므로 스스로의 스윙감각을 개발하고 창조해서 플레이에 응용하는 데에는 쉽고 합리적인 숏게임부터 연습해 나가야 한다.

꼭 기억해야 할 점은, 스코어를 낮추는 데에는 숏게임을 마스터해야 한다는 것이다. 그러기 위해선 열심히 읽고 또 읽어서 원리를 이해하고 어떻게 해야 하는지 방법을 익혀서 연습하고 또 연습해야 한다.

11월 30일 이종인

숏게임

흔히들 숏게임을 '설거지'로 비유한다. 설거지에 대한 의미는 따로 설명하지 않아도 여러분들이 더 잘 알 것이다. 문제는 이 설거지를 얼마나 잘 하느냐 하는 것이다. 티샷이나 세컨샷에 해당하는 식사가 설거지하기에 불편하게 만들었다든지 아니면 식사는 깨끗이 했으나 설거지하기에는 불편한 장소라든지 하는 것들이다. 그러나 어떤 상황이든지 우리의 마음과 장비, 그리고 깨끗하게 해낼 수 있는 방법들을 준비하고 있으면 문제가 없다.

숏게임은 퍼팅, 칩샷, 웨지(피칭, 샌드, 로브)샷, 벙커샷으로 이루어져 있다. 즉, 그린 위에서 볼을 굴려서 홀 속에 넣는 스트로크와, 그린 주변에서 홀 가까이 접근시키거나 넣으려는 스트로크, 풀 스윙이 아닌 컨트롤 스윙으로 그린 위에 올리거나 홀 가까이 접근시키는 스트로크, 그리고 그린 주변 벙커(모래 구덩이)에서 그린 위에 올리거나 홀 가까이 접근시키는 스트로크 등으로 이루어져 있는 것이다. 여기에 전반적으로 볼을 굴리는 기술과, 어느 정도 띄우고 굴리는 기술, 거의 띄우고 굴리지 않는 기술, 깎아 치는 기술, 덮어 치는 기술 등 실로 다양한 기술들이 쓰여진다.

제1장 – 퍼팅

골프에서 퍼팅은 여러 가지 기술 중 가장 미묘하고 정교한 컨트롤이 요구되는 대단히 중요한 기술이다. 하기야 누군가가 드라이버로 200m 이상을 치는 경우나 홀에 불과 20㎝를 남겨놓고 하는 퍼팅이나 똑같이 1타임이 불합리하다고 항변해도 할 말은 없지만 어쨌든 퍼팅이 전체 스코어의 절반을 차지하는 것을 보면 골프에 있어서 얼마나 중요한가를 알 수 있다. 한편 매력도 있다. 프로나 아마추어가 대등하게 경쟁할 수 있는 유일한 기술이기 때문에 중요한 만큼의 매력도 있다. 이처럼 누구라도 세계최고 퍼팅 플레이어가 될 수 있으므로 평소에 철저히 기초를 익혀서 꾸준한 연습을 할 필요가 있다.

퍼팅은 감각적이어야 하고 창조적이어야 한다. 또한 과학성이 갖추어져야 한다.

구체적으로 퍼팅에 성공하기 위해서는 자신 있는 마음가짐, 무리 없는 동작, 페이스 감각, 거리감, 경사감 등이 필요하다. 퍼팅을 실수하는 데는 미숙한 테크닉에 원인이 있기는 하지만 더욱 중요한 것은 자기 자신에 대한 불신과 회의로 인해 자신감을 상실하기 때문이다.

퍼팅의 특징

퍼팅 스윙은 양 어깨의 부드러운 좌우 움직임에 따라 양 팔과 클럽의 움직임이 마치 시계추처럼 흔들려야 한다. 다시 말해서 양 팔로 클럽을 쥔 모양이 Y자 모양일 때 뒷목 경추를 축으로 좌우로 흔들면서 Y자 모양이 흐트러짐 없이 움직이며 볼을 쳐야 한다. 만일 짧은 거리라고 해서 팔이나 손목만으로 치고, 긴 거리라고 해서 어깨를 사용하거나 힘

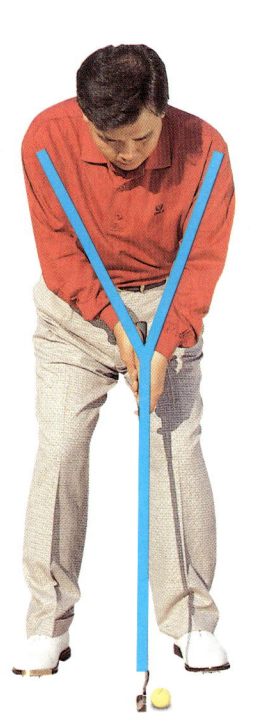

으로 치면 일관성 없는 몸동작에 거리감을 읽기 쉽고 복잡한 동작을 항상 기억해야 되는 부담 때문에 퍼팅이 자꾸만 어렵게만 느껴지고 자신감을 잃게 된다. 그래서 세계적인 프로들도 이러한 팔과 손목만을 사용하는 자세를 고치기 위해 나름대로의 방법으로 그립 모양을 개발해서 사용하고 있다.

퍼팅 그린의 특징

퍼팅 그린의 특징을 이해해야 한다

필드에 나가면 퍼팅그린이 완전히 평평한 곳은 거의 없다. 이것을 퍼팅 라이라고 하는데 오르막 라이, 내리막 라이, 사이드 라이, 혼합 라이 등과 잔디 종류, 잔디결, 잔디 길이 등까지도 고려해서 스트로크를 해야 한다.

그러나 모든 퍼팅은 직선 퍼팅으로 해야 한다. 극히 일부 프로들은 일부러 퍼팅에 스핀을 걸어 휘게도 하지만 여러분들은 보다 쉽고 간단한 방법으로 하는 것이 좋다.

예를 들어 왼쪽에서 오른쪽으로 내리막 사이드 경사 라이라고 하자.

이때는 그린 위의 일정시점까지는 직선이고 그 다음에 경사면을 따라 볼이 오른쪽으로 기울어진다. 따라서 스트로크 하기 전에 볼에서 한발짝 뒤에 물러서서 그린 면의 경사도를 어림잡고 휘기 전의 지점을 1차 목표로 잡아 직선으로 굴러가게 하여야 한다. 그리고 나머지지점부터는 경사도에 따라 저절로 홀을 향해 휘게 하는 것이다.

퍼터의 종류와 기능

퍼팅 그립과 퍼터의 모양에는 철칙이 없다.
어떠한 그립방식과 퍼터의 종류라도 정확하고 자신감을 가질 수 있다면 그것이 올바른 방법이다. 하지만 실수가 많다면 다음의 사항들을 반드시 점검해 봐야 한다.

클럽의 길이
우선 자세를 취했을 때 클럽이 너무 짧아 몸을 많이 구부리거나 두 팔을 쭉 펴야할 정도이거나, 반대로 너무 길어서 손잡이 밑을 잡아야 될 정도면 몸에 맞지 않는 길이이므로 조정할 필요가 있다.

손잡이의 두께
손잡이의 두께는 손 크기와 별 관계가 없다. 다만 그립의 두께에 따라 헤드 무게가 전혀 다르게 느껴진다. 즉 두꺼운 손잡이는 가볍게, 가는 손잡이는 무겁게 헤드무게가 느껴지는 것이다.

헤드의 모양

퍼터는 헤드 형태에 따라 블레이드형과 말렛형으로 나뉜다. 블레이드형은 헤드가 직사각형이고 말렛형은 반달형이다.

블레이드형
헤드가 사각형 모양이므로 스윙라인을 정확히 목표라인에 맞춰 스윙을 할 수 있어서 예민하면서도 정확한 방향을 잡을 수 있다. 스윙크기만큼 거리조절이 가능하다.

말렛형
페이스면이 두툼하고 헤드가 커서 반발력이 좋고 회전량이 많아서 작은 스윙으로도 먼 거리를 보낼 수 있다. 또한 스윙라인이 목표라인을 약간 벗어나는 스윙을 해도 인식하지 못해 심리적 안정감을 준다.

기타

샤프트가 헤드에 어떤 방식으로 장착되었는지에 따라 T자형, L자형, F자형(핑형)으로 나뉜다. T자형은 헤드중간에, L자형은 가장자리에, S자형은 2/3 지점에 장착된다.

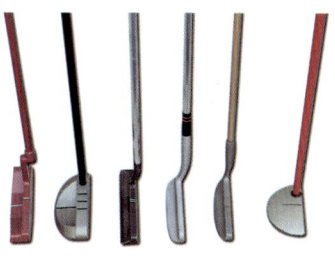

퍼팅 그립

퍼팅을 할 때는 손목사용을 자제하고 클럽페이스의 스퀘어(직각) 상태를 조절하고 유지시키기 위해서 일반적인 클럽의 그립에 비해 조금 특별한 그립이 필요하다.

1. 컨벤셔널 '리버스 오버랩' 그립

전통적인 그립 형태로, 오른손이 왼손 밑으로 가도록 하고 손가락이 일반 클럽그립과는 반대로 덮히는 방식이다.

오른손 엄지손가락을 왼손 엄지손가락 위에 얹어서 양엄지손가락과 손잡이와 클럽헤드가 일직선이 되게 한다.

손잡이 끝부분은 1㎝ 이상 남겨두는 것이 좋다.

대부분의 퍼터는 엄지손가락이 놓이는 부분이 납작하게 되어 있어서 손가락을 편하게 놓일 수 있도록되어 있고 클럽페이스가 항상 직각을 유지하도록 도와준다.

2. 크로스 핸드 그립

리버스 오버랩 그립과는 반대로 왼손이 오른손 밑으로 가도록 손잡이를 잡는 방식이다.

왼팔과 손목이 일자로 펴지면서 손목사용을 자제해 준다.

3. 랭거 그립

독일의 유명한 프로인 버나드 랭거가 개발한 방식으로, 왼손은 손잡이 밑을 잡고 나머지 손잡이 부분을 왼 팔뚝에 붙이고 오른손으로 손잡이와 왼 팔뚝을 같이 잡는 방식이다.

클럽과 왼팔을 고정시켰기 때문에 손목을 전혀 사용할 수가 없다.

4. 부룸 핸들 그립

긴 퍼터를 사용할 때 마치 비를 쓰는 모양처럼 보인다고 해서 붙여진 이름이다. 미국 전 부시 대통령이 즐겨 썼다고 해서 '부시 퍼터' 라고도 한다.

클럽길이에 따라 손잡이 끝부분을 가슴이나 턱 밑에 왼손으로 고정시키고 시계추처럼 오른손으로 밑을 잡고 흔드는 방식이다.

퍼팅 셋업

퍼팅 셋업에서 가장 중요한 것은 몸의 긴장을 풀고 편안하게 자세를 취하는 것이다. 퍼팅엔 특별한 비법이 없지만 성공확률을 높이기 위해 좀 더 유리한 자세들은 있다.

어깨의 힘을 뺀 상태에서 머리는 자연스럽게 볼을 쳐다본다. 머리를 너무 숙이면 동작이 뻣뻣해서 어색해질 수 있다.

왼쪽 어깨를 오른쪽 어깨보다 약간 낮게 한다.

양 팔은 일부러 곧게 펴지 말고 힘을 뺀 상태에서 약간 구부러지도록 한다.

팔과 겨드랑이는 붙어 있는 것이 좋으나 약간 떨어져서 그 상태를 유지하도록 한다.

왼 손목이 펴지게 손잡이를 왼쪽으로 위치시킨다.

무릎 안쪽으로 긴장을 주어 약간 조여지게 해서 스윙 중 하체가 흔들리지 않도록 한다.

양 발 사이의 거리는 어깨 넓이를 기준으로 하고 양 발 안쪽으로 체중이 실리도록 한다.

볼의 위치는 스탠스 중앙과 왼발 사이에 둔다.

상체는 편안히 구부린다.

눈은 볼에서 수직선상에 놓이도록 한다.

조금 낮춘다.

약간 앞으로 내민다.

조금 앞으로 구부린다.

양발의 스탠스 선은 목표선과 평행이 되게 선다.

퍼팅 에이밍

몸을 구부려 작은 퍼터 헤드로 정확히 타구면의 방향을 잡는다는 것은 결코 쉬운 일이 아니다. 더구나 롱퍼팅이나 라이가 복잡한 경우에는 더욱 그렇다. 하지만 충분한 연습을 통한 리듬과 집중력이 있으면 결코 어려운 일도 아니다.

볼에서 1m 내외에 가상의 목표점을 찾는다.

가상의 목표를 향해 타구면을 직각으로 맞춘다.

※ 한두 번 또는 세 번 정도 볼에서 약간 뒤로 물러나 매연습 스트로크에 진짜 퍼팅을 하는 것처럼 정신을 집중하며 거리와 스윙을 점검하는 것도 좋은 습관이다.

타구면에 의한 목표선과 평행이 되도록 스탠스를 취한다.

홀과 조상의 목표점을 번갈아 보며 거리감과 타구면을 점검해 설정한 목표선과 직각인지 다시 한 번 확인한다.

퍼팅 스윙

퍼팅 스윙 모양새도 골퍼에 따라서 천차만별이다. 톱 프로들의 퍼팅 스트로크를 살펴보면 각자가 고안한 독특한 스윙을 한다. 하지만 퍼팅이 능숙한 플레이어일수록 폼이 안정되어 있다는 공통점이 있다.

머리는 스윙축에 해당되므로 흔들리지 않도록 고정시킨다.

왼쪽 어깨가 약간 낮춰지는 동시에 오른쪽 어깨는 약간 높아진다. 어깨, 팔, 클럽이 이루는 Y자가 시계추처럼 매끄럽게 움직이도록 한다.

팔은 몸과 일체시켜 움직인다. 팔의 각도 또한 어드레스때와 변함없이 한다.

테이크 어웨이 할 때 클럽헤드가 너무 빨리 바닥에서 떨어지지 않도록 한다. 가능하면 바닥을 쓸 듯이 올라간다.

백스윙

백스윙은 매끈한 일관동작으로, 상체와 팔의 움직임이 클럽헤드의 움직임을 좌우한다. 테이크 어웨이 동작이 진행되는 동안 하체는 움직이지 않는다.

등의 각도를 유지하기 위해서 엉덩이를 약간 뒤로 뺀 자세를 유지시킨다. 엉덩이가 움직이지 않으면 무릎과 다리도 고정된다.

눈을 볼에서 떼지 않는다. 그러나 시각적으로 헤드의 움직임을 감지한다.

인사이드와 타구면은 부채모양으로 펴지듯이 살짝 열리지만 그것은 몸통의 회전에 의한 것이니 신경쓰지 않아도 좋다.

친다는 생각보다는 클럽이 지나가는 경로에 놓여있어 스윙을 방해한다는 생각이 낫다.

퍼팅 스윙

임팩트

퍼팅의 임팩트는 볼을 치는 것이 아니라 스윙경로의 한 지점을 지나는 것이다.

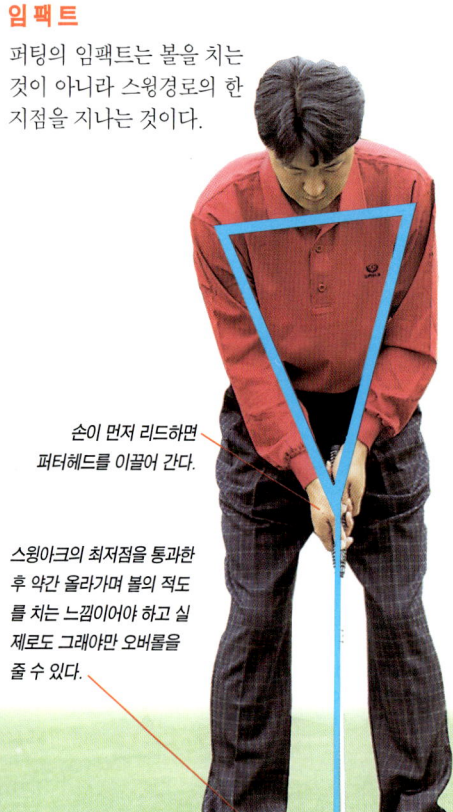

양 어깨는 어드레스때와 같은 모양으로 돌아오고 어깨, 팔, 클럽의 Y자 모양도 그대로이다. 팔과 손과 퍼터가 짜임새있게 통일성을 유지하면서 편안한 자세로 한다.

손이 먼저 리드하면 퍼터헤드를 이끌어 간다.

스윙아크의 최저점을 통과한 후 약간 올라가며 볼의 적도를 치는 느낌이어야 하고 실제로도 그래야만 오버롤을 줄 수 있다.

체중은 약간 왼발에 실린다.

※ 다운스윙 역시 어깨의 움직임으로부터 시작하는 것이다. 퍼터헤드를 손으로 움직이려는 시도는 하지 말자.

손목은 꺾이지 않고 약간 앞으로 내민 채 타격된다.

타구면은 목표를 향한 채 볼을 친다.

퍼팅 스윙

팔로우스루

퍼팅 스트로크의 백스윙과 포워드 스윙의 크기는 같은 크기거나 $\frac{1}{3} : \frac{2}{3}$이다. 즉 백스윙이 포워드 스윙보다 커서는 안된다.

머리나 눈은 고정되며 끝까지 볼이 있던 자리에서 떼지 않는다.

왼쪽 어깨는 다시 올라가고 오른쪽 어깨는 내려간다.

왼손과 팔은 퍼터 샤프트의 연장이다.

손이 퍼터 헤드보다 앞서 나가는 느낌이다.

※ 너무 일찍 고개를 들면 상체의 시계추 운동의 방향이 바뀔 수 있으므로 클럽헤드가 볼을 치고 지나갈 때 여유 있게 고개를 들고 쳐다보는 습관을 기르자.

척추의 각은 끝까지 유지된다.

목표선보다 인사이드로 들어오고 타구면도 살짝 닫힌다.

움직이지 않는다.

퍼팅 파노라마

퍼팅은 전 동작을 수행하는 데 고작 2~3초밖에 걸리지 않는다. 그러나 결코 서두르지 말아야 한다. 우선 동작의 이미지를 머릿속에 그린 다음에 실행에 옮겨야 하고 볼을 치는 데에만 정신을 집중시키는 것이 아니라 먼저 자기 스스로를 신뢰하는 마음이 중요하다.

※ 퍼팅 스윙의 감을 느끼기 위해서는 상상으로 게임을 많이 해봐야 하고 동작을 익히기 위해서는 거울 앞에서 스윙연습을 많이 해봐야 한다.
노련한 골퍼일수록 감각이 스윙을 통제함을 느낄 수 있다.

제 2 장 웨지샷

웨지샷에 쓰이는 클럽은 대략 피칭웨지, 샌드웨지, 어프로치웨지, 로브웨지 등 실로 다양하. 이는 플레이를 하다보면 그만큼 다양한 상황에 처할 수 있고 그때마다 현명하게 클럽을 선택해서 사용하라는 뜻이다.

물론 하나의 웨지 클럽으로 모든 상황에 대처할 수 있는 방법도 있는데 이 점은 매우 중요하다. 클럽을 선택하기 전에 풀스윙이 아닌 컨트롤 스윙으로 이루어지는 어프로치샷의 원리와 방법을 이해하고 실행할 줄 알 때 클럽이 도와줄 것이기 때문이다.

컨트롤 스윙

드라이버로 샷을 해서 200야드 이상의 비거리나 9번 아이언에 의해 띄울 수 있는 높이는, 풀스윙만 하면 웬만한 골퍼들은 다 할 수 있다. 말하자면 비거리나 탄도의 변화는 클럽에 따라 달라지므로 플레이어가 원하는 비거리에 맞는 클럽을 선택하는 것만으로도 목적을 달성할 수 있다.

그러나 문제는 핀까지 거리를 7, 80야드 또는 3, 40야드 정도 남겨 놨을 때이다. 이때는 어떤 클럽을 사용해도 풀스윙

을 하면 핀을 훌쩍 넘겨버릴 것이다. 따라서 바로 이런 때에 스윙크기를 조절해서 비거리를 조절하는 샷이 필요한 것이다. 이것을 어프로치 샷이라고 하며 이때 필요한 스윙을 컨트롤 스윙이라 한다.

컨트롤 스윙은 풀스윙의 축소판이라고 생각하면 된다.

작지만 절제된 동작으로 이루어지는 이 스윙은 미묘한 터치와 감각을 느끼게 해줄 것이다.

스피드 메타법칙

스윙크기를 조절한다고 해서 스윙 그 자체가 변하는 것은 아니다. 스윙의 크고 작은 사이즈만 변할 뿐이지 다른 것은 풀스윙을 할 때와 똑같다. 차라리 풀스윙의 기본 원리와 응용이 컨트롤 스윙에서부터 시작된다고 보면 더 정확하다.

비거리는 헤드스피드와 비례하고 헤드스피드는 스윙크기와 비례하므로 비거리는 스윙크기와 비례한다.

한 번의 스윙에 걸리는 시간을 일정하게 할 때 스윙크기가 작을수록 스윙 템포가 느려지고 스윙크기가 클수록 스윙템포가 빨라진다. 이 시점에서 스윙템포나 헤드스피드는 힘에 의한 것이 아니라 스윙크기에 의한 것이다는 점을 확인하게 된다.

스윙을 작게 하면 비거리가 감소한다.

이것을 '스피드 메타법칙' 이라고 한다. 컨트롤 스윙은 바로 이 원리에 의해서 성립되는데. 각각의 클럽 기능을 1백% 가까이 발휘하는 것이 풀스윙이라면 상황에 맞추어서 클럽의 기능을 조절하는 것이 컨트롤 스윙이다. 실제로 필드에 나가 플레이를 하다보면 풀스윙 못지 않게 컨트롤 스윙을 해야 한다는 것이 대단히 중요하다는 것을 알 수 있다.

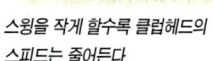

스윙을 작게 할수록 클럽헤드의 스피드는 줄어든다.

비거리는 스윙크기와 헤드스피드에 비례한다.

이미지 시계 스윙

스윙크기와 비거리의 관계를 익히고 이해하기 위해서는 이미지 시계스윙을 이용하는 것이 필요하다. 이는 스윙하는 자신의 팔을 시계바늘이라고 생각하고 스윙궤도를 시계판이라고 상상하는 것이다. 머리는 12시, 볼은 6시 위치에 있다고 가정해 보자. 연습은 전신이 보이는 큰 거울을 앞에 갖다 놓고 하면 더욱 효과적이다.
처음에는 볼을 치지 말고 스윙만을 되풀이하되, 7시에서 5시, 8시에서 4시, 9시에서 3시하는 식으로 작은 스윙부터 시작해서 점차 크게 대칭스윙을 한다.

이때 스윙크기의 감각을 몸에 익히는 것과 동시에 스윙동작 중 어깨회전, 체중분포, 팔의 회전, 팔꿈치의 접힘 등을 세심하게 체크하는 것이 중요하다.

연습스윙을 충분히 한 후 스윙크기와 대칭스윙이 감각적으로 몸에 배이면 실제로 볼을 쳐본다. 이때는 스윙크기가 바뀔 때마다 비거리가 어떻게 변하는지를 파악하고 또한 로프트가 다른 웨지클럽마다의 비거리와 탄도를 파악해낼 수 있으면 곧 게임에 자신감이 생길 것이다.

7시에서 5시 스윙

8시에서 4시 스윙

9시에서 3시 스윙

이미지 시계 스윙

제 3 장 - 치핑

치핑은 그린 주변 5야드 이내의 거리에서 홀을 향해 짧게 끊어치듯이 하는 스트로크를 말한다. 굴리기에는 주변의 상황이 좋질 않아서 그걸 피하기 위해 퍼터사용만을 고집하지 못할 뿐이지, 마치 로프트가 있는 퍼터로 하는 퍼팅의 일종이라고 생각하면 된다. 따라서 치핑 또한 감각적이어야 하고 창조적이어야 한다. 그리고 퍼팅과 마찬가지로 과학적이어야 한다. 볼이 얼마나 높이 날아가야 하는가, 혹은 얼마나 멀리 굴러가야 하는가에 따라 우드를 제외한 모든 클럽을 사용할 줄 알아야 하기 때문이다.

치핑의 특징

치핑샷에 어느 정도 익숙하다 보면 볼을 그린 위에 올려보내는 것만으로는 만족할 수 없게 된다. 즉, 홀 가까이 붙이려 하던지 때에 따라선 홀 속으로 단번에 넣으려는 시도를 하게 된다. 이것은 결코 꿈같은 얘기만이 아니다.

클럽의 성격, 볼이 놓여진 상황, 주변 라이, 비구경로 등을 이해하면 반 이상을 성공한 것이나 다름없다.

많이 띄우고 적게 굴려야 하는 경우

오픈스탠스로, 웨지 같이 로프트가 많은 클럽으로 볼을 커트해 내는 느낌이 들게 한다.

적게 띄우고 많이 굴려야 하는 경우

미들아이언이나 롱아이언으로 볼만 살짝 쳐내는 느낌이 들게 한다.

일반적인 경우

가장 많이 연습해 본 클럽이나 그날의 감이 좋은 클럽을 선택한다.

치핑 클럽의 기능

일반적으로 칩샷은 공을 굴리는 샷이라지만 후린지(FRINGE)를 넘기기 위해서 띄워야 할 경우도 있으므로 정확한 거리감을 익히기 위해선 그린 위에 떨어뜨릴 지점을 정하고 홀까지 구르게 해야 한다. 그러나 공이 구르는 양은 클럽에 따라 다르다.

예를 들어 웨지클럽은 홀에서 $\frac{1}{2}$, 7, 8번 아이언은 $\frac{1}{3}$, 5, 6번 아이언은 $\frac{1}{4}$ 정도의 지점에 떨어지고 나머지는 구르게 된다. 즉 긴 클럽일수록 로프트가 세워져 있기 때문에 조금 뜨고 많이 구르는 것이다. 그런데 여기에서 중요한 것은 클럽마다 똑같은 스윙크기로 했을 때 뜨든 구르든

웨지, 8번, 5번 아이언의 길이 편차

웨지 아이언

목표까지의 거리가 일정하지 못하다면 문제가 있는 것이다. 만일 그렇다면, 그래서 클럽을 다양하게 사용하지 못하고 하나의 클럽만을 고집한다면 그것은 클럽마다 그립을 취할 때 일정한 길이가 되도록 그립을 취하지 못하기 때문이다. 즉 클럽이 길든 짧든 똑같이 길게 잡거나 짧게 잡으면 클럽마다의 길이가 달라지므로 거리도 달라진다는 뜻이다. 따라서 긴 클럽은 짧게, 짧은 클럽은 길게 잡으면 어떤 클럽이든 같은 클럽의 길이와 같은 스윙크기로 샷을 할 수 있어서 뜨고 구르는 차이만 다를 뿐 목표까지의 거리는 일정하게 할 수 있게 되는 것이다.

8번 아이언　　　　　　　　　*5번 아이언*

치핑 스윙(Ⅰ)

팔목을 젖히는 힘이 약화되도록 보통때보다 좀더 견고하게 그립을 잡는다.

스탠스가 좁아지고 볼의 위치가 오른발쪽에 오는 것은 오른발을 움직였기 때문이다.

체중의 대부분을 왼편에 이동시킨다.

클럽의 로프트를 조정하지 말고 그대로 둔다.

발을 뒤로 빼지 말고 앞부리만 목표방향으로 열어 둔다.

어드레스

치핑샷의 생명은 거리와 방향이다. 짧은 거리를 공략하면서 정확한 거리와 방향으로 보내기 위해서는 어드레스부터 잘 세팅된 자세가 필요하다. 이 시점에서 기억해할 가장 중요한 요소는 치핑에서는 거의 신체의 동작이 거의 필요하지 않다는 점을 기억하자.

두 팔은 몸에 바짝 붙일 수 있도록 볼에 바짝 다가선다.

무릎을 굽혀 탄력을 준다.
허리는 앞으로 굽힌다.

치핑 스윙 (I)

백스윙

그린 주변에서의 치핑샷에 일관성을 주려면 정확한 동작이 필요하다. 즉, 어깨와 팔을 사용해서 팔목의 움직임이 거의 없도록 해야 한다. 그러려면 클럽헤드로 백스윙을 리드하려 하지 말고 어깨와 팔로 클럽헤드를 리드하려고 해야 한다.

양손의 그립은 볼보다 앞에 놓이도록 왼발 쪽에 위치한다.

샌드웨지는 사용하지 않는다. 이유는 샌드웨지 클럽의 솔 부분이 두껍기 때문에 조금만 볼 뒤 바닥에 맞아도 클럽헤드가 튀어 오를 염려가 있기 때문이다.

클럽헤드는 후드 되어 로프트가 약간 세워진다.

볼의 위치는 스탠스의 중심이거나 좁은 스탠스를 취할 경우에는 오른발쪽에 오도록 한다.

※ 디보트 뒤에 있거나 볼과 그린 사이에 풀이 길 때 샷 5번이나 6번 아이언으로 퍼팅 때와 똑같은 스트로크를 해서 굴려서 공략한다.

보통 때와 같이 칩샷스윙을 하는데 클럽이 내려오면서 바닥보다 볼을 먼저 히팅하는 다운브로우샷을 해야 한다.

치핑 스윙 (I)

임팩트

골퍼들이 치핑을 했을때 흔히 저지르는 실수는 오른손이 너무 빨리 왼손 앞으로 나가면서 볼을 친다는 점이다. 여러 번 강조했지만 이는 손목을 사용한 결과이다.

   치핑타법의 맥은 왼손으로 샷을 리드해야 한다는 것이다.

백스윙때 샤프트와 일직선상에 있던 왼팔은 그대로 유지된다.

어드레스의 재현처럼 한다.

클럽페이스는 직각을 유지한다.

※ 로프트가 큰 클럽이면 볼의 백스핀이 많아지고 더 높이 올라간다. 절대로 볼을 띄우기 위해 볼 밑을 내려치려 하거나 치켜올리며 스윙해서는 안된다.

팔이 통과하는 공간이 만들어지려면 등의 기운 각도로 유지되야 한다.

팔이 자유롭게 통과할 수 있도록 엉덩이도 살짝 회전한다.

뒤꿈치는 약간 들려도 상관없다.

치핑 스윙 (Ⅰ)

팔로우스루

치핑스윙의 피니시는 팔로우스루이다. 쉐도우스윙 또는 밀러스윙처럼 백스윙의 크기만큼 대칭이 되는 팔로우스루로 마무리지어야 한다.

스윙축의 중심점으로 움직여지지 않는다.

왼쪽 어깨는 오른쪽 어깨보다 올라가는 시소 운동을 한다.

왼손은 끝까지 클럽헤드를 리드하며 먼저 가는 느낌이다.

※ 스윙을 끝냈다고 빨리 몸을 일으켜 세워선 곤란하다. 그저 턱을 살짝 치켜드는 정도로 볼이 날아가는 것과 굴러가는 것을 관찰하는 습관을 들이자.

오른팔꿈치는 배를 스치며 지나간다.

발뒤꿈치는 들려서 거의 체중을 남기지 않는다.

백스윙때와 마찬가지로 손보다 앞에 위치하며 타구면은 목표를 향한다.

치핑 스윙(II)

어드레스

퍼팅할 때와 같은 어드레스 자세와 그립을 취하되 퍼터대신 7, 8번 아이언을 사용한다.

볼보다 뒤에 머리를 위치시킨다.

클럽과는 관계없이 클럽이 퍼터의 길이가 되도록 손잡이의 아래쪽을 잡는다.
그래야지 거리감과 퍼팅과 같은 자세가 나온다.

양 발은 어깨넓이로 벌리고 체중은 주로 왼발에 싣는다.

볼의 위치는 스탠스 중앙이나 약간 왼쪽에 둔다.

※ 좋은 자세는 절대적이다. 등, 허벅지, 종아리 선이 직선이고 각을 이루는 것이 좋은 자세이다.

양 어깨를 목표선과 평행이 되게 한다.
오른쪽 어깨를 왼쪽 어깨보다 낮춘다.

엉덩이는 뒤로 쭉 뺀다.

편안한 정도로 무릎을 굽힌다.

치핑 스윙 (II)

테이크 어웨이

선택한 클럽을 테이크 어웨이 할 때, 볼을 끝까지 쳐다보되 스윙동작의 리듬과 안정감을 느끼는 것이 중요하다.

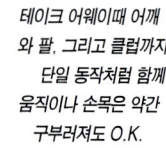

어깨는 수동적인 자세를 취한다. 양쪽 겨드랑이에 타월을 끼고 있을 수 있을 정도로 양 팔은 상체를 가볍게 조이고 서로 연결되어 있는 듯한 느낌으로 한다.

엉덩이는 흔들리지 않는다.

테이크 어웨이때 어깨와 팔, 그리고 클럽까지 단일 동작처럼 함께 움직이나 손목은 약간 구부러져도 O.K.

※ 어깨와 팔과 손이 편안한 느낌으로 동시에 작용하여 클럽을 움직이게 한다. 모든 동작을 개별적인 동작의 연결로 보지 말고 하나의 전체적인 동작으로 이해하라.

클럽은 목표선에서 약간의 호를 그으며 후진한다. 그러나 이것은 몸이 회전하기 때문에 생기는 자연스러운 현상이지 일부러 호를 그리려 한다든지 팔을 돌리거나 손목을 꺾으면 안된다.

치핑 스윙 (II)

임팩트

볼과 클럽의 접촉은 전체적인 스윙동작의 일부분으로 느껴야 한다.

양 손목은 확실히 고정시킨다.

퍼팅스트로크처럼 하체는 거의 고정시킨다.

볼이 스윙선상에 가로막고 클럽헤드는 그것을 치우려 한다는 느낌이 중요하다. 클럽의 로프트가 볼을 솟구쳐 오르게도 하고 또 굴러가게도 한다

어깨선과 두 팔로 형성되는 삼각형은 변하지 않는다.

머리는 고정시킨 채 클럽헤드가 볼을 치고 지나가는 것을 놓치지 않는다.

어깨와 팔은 함께 움직여서 팔이 상체에 연결된 듯한 느낌을 갖는다.

클럽페이스의 토우 쪽으로 히팅한다.

치핑 스윙 (II)

팔로우스루

중복되는 내용의 글은 가급적 피하려 하는데, 여러 번 강조해도 지나치지 않는 점은, 치핑샷은 절대로 손목을 사용해서 쳐서는 안된다는 것이다.

볼은 클럽타구면의 로프트에 반응한다. 로프트가 어느 정도인가에 따라 볼을 띄우기도 하고 굴리기도 하므로 클럽의 선택이 절대적이다.

팔과 손 그리고 클럽헤드가 통과할 수 있도록 몸을 열어 주는 것처럼 뒤로 뺀채 약간 회전한다.

오른쪽 무릎은 엉덩이의 움직임에 반응해서 목표 방향으로 움직인다.

목표를 향해서 앞쪽으로 움직여야 한다.

오른쪽 무릎이 목표를 향해 움직이는 동시에 오른발 뒤꿈치는 지면에서 약간 떨어진다.

치핑 스윙 (II)

너무 일찍 머리를 들면 실수할 확률이 높으므로 먼저 소리를 듣고 쳐다본다. 소리는 임팩트 순간 그 샷이 얼마나 잘 되었는지를 알려줄 것이다.

상체가 시계추처럼 수월하게 움직일 때 어깨와 팔이 이루는 삼각형과 클럽까지 이어지는 Y자형은 늘 변함이 없다.

편안하고 자연스럽게 힘을 뺀다.

손과 손목은 움직이거나 꺾이지 않는다. 테이크 어웨이 때와 같다.

클럽헤드는 몸, 팔에 이은 일련동작의 마지막 순서이다. 타구면은 임팩트 후에도 목표를 향한다.

스페셜 칩샷

퍼터를 사용하는 경우

그린 위에서는 왜 다른 클럽은 사용하지 않고 퍼터만을 사용하는 것일까?

그것은 홀을 공략하는 데에 띄우는 것보다는 굴리는 것이 성공확률이 높고 편하기 때문이다. 그렇다면 볼이 그린 위에 있지 않고 후린지에 있다고 해도 볼이 놓여진 라이 상황이 평평하거나 잔디가 물에 젖어 있지 않고 짧게 깎여져 있는 경우라면 퍼터를 사용해서 굴리는 것이 보다 이롭겠다. 만일 퍼터를 사용했을 때에 최악의 결과가 나왔다면 후회할 수도 있겠지만 칩샷의 최악의 결과와 비교한다면 차라리 퍼터를 사용하는 것이 낫다.

특히 국내 골프장은 그린 엣지 부분이 평평하고 잔디숱이 적기 때문에 그린 엣지의 수미터 거리에서도 퍼터를 사용해 칩샷을 하는 경우가 많다.

스페셜 칩샷

러프에서의 칩샷

풀이 긴 러프에 빠졌을 때의 칩샷은 아쉽지만 탈출한다는 의미로 임해야 한다.

가능하면 스윙 중에 클럽이 긴 풀에 스치거나 물리지 않도록 해서 빠져나와야 한다.

벙커샷 때와 같은 방법으로 볼 뒤의 풀을 주시하고 또한 그곳을 쳐야 한다.

목표보다 왼쪽을 향하도록 오픈스탠스를 취하고 몸도 오픈으로 배열 한다.

로프트가 큰 피칭웨지나 샌드웨지클럽만을 사용한다.

스탠스 중앙에 오도록 위치한다.

- 코킹에 의해 마음껏 위로 올린다.
- 어깨를 비롯해 상체의 움직임은 최소화시킨다.
- 테이크 어웨이때 클럽헤드가 러프에 물리지 않도록 급히 코킹을 한다.
- 왼손의 중지와 약지 그리고 새끼손가락, 이 세 손가락으로 그립을 단단히 쥐고 오픈된 클럽페이스를 그대로 유지한 채 클럽헤드를 볼 밑으로 쳐 넣는다는 느낌으로 볼 뒤를 히팅한다.
- 볼은 튀어 오르지만 클럽페이스와 볼 사이에 풀이 많이 끼어 있었기 때문에 착지해서 런이 많이 생기는 현상이 나온다.

스페셜 칩샷

그린과 엣지풀 사이에 정지해 있을 경우

때때로 볼이 그린의 경계선, 즉 그린 엣지 잔디와 그린 사이에 정지되어 있는 경우가 있다. 풀이 길지 않은 엣지에 볼이 떠 있지 않고 감춰져 있는 상황이다. 이럴 때 볼을 컨트롤하기가 쉽지 않다. 이를 '적도샷'이라고 하는데 볼을 지구로 비유했을 때 가운데인 적도 부분을 히팅한다고 해서 붙여진 이름이다.

퍼팅과 같이 한다.
즉 퍼팅그립에 퍼팅자세,
그리고 스트로크로 퍼팅과 같게 한다.

클럽페이스 밑의 날이 일자인
웨지클럽이나 9번 아이언을
사용한다.

볼의 적도 부분을 겨냥한다.

스페셜 칩샷

거리감과 타법을 퍼팅 때와 같이 한다.

퍼팅 스트로크때처럼 고정시킨다.

클럽헤드의 날로 의식적으로 볼의 적도부분을 히팅한다.

스페셜 칩샷

볼이 놓인 잔디 상태가 안 좋을 경우
모든 자세를 퍼팅할 때와 같이 하고 세워진 클럽헤드의 앞부분으로 볼을 긁어내는 느낌이 들게 한다.

맨땅이거나 디보트 속에서의 샷

잔디가 거의 없어 맨땅과 마찬가지이거나 볼이 디보트 자국 속에 있을 때에는 운에 맞길 필요도 없고 속상해 할 필요도 없다. 클럽헤드가 볼에 직접 접촉할 수 있도록 볼위치만 바르게 하면 된다.

스페셜 칩샷

볼의 위치가 발보다 높을 경우

왼쪽으로 휘는 사이드스핀이 걸린다.

방향은 목표의 약간 오른쪽으로 향한다.

약간 볼에서 멀리 선다. 볼은 스탠스의 중앙에 위치한다.

클럽을 짧게 쥔다. 그만큼 스윙은 크게 한다.

로프트가 큰 클럽일수록 볼은 더욱 왼쪽으로 가기 쉽다는 것을 알아야 한다.

볼의 위치가 발보다 낮을 경우

오른쪽으로 휘는 사이드스핀이 걸린다.

허리는 깊게 굽히면서 목표의
왼쪽을 향하는 자세로 배열한다.

볼에 약간 가까이 선다.
체중은 약간 왼쪽에 싣는다.

스페셜 칩샷

옆힐(왼발쪽이 오르막일 때) 라이의 샷

클럽의 선택과 몸 위치가 중요하다.

어깨선의 경사를 지면의 경사와 평행이 되도록 한다.

자연히 체중은 오른발에 실린다.

볼은 많이 뜨고 짧을 수 있는 것을 고려한다.

볼의 위치는 왼발 쪽으로 한다.

다운힐 (오른발 쪽이 오르막일 때)라이의 샷

업힐 라이와는 반대이며 경사각도가 클럽의 로프트를 적게 해준다.

양 어깨선을 지면과 평행이 되도록 한다.

부드러운 스윙으로 클럽을 리드한다.

로프트가 많은 클럽을 사용한다.
보통 때보다 많이 굴러갈 것을 계산한다.

자연히 체중은 왼발에 실리며 스윙 중에도 유지한다.

볼의 위치는 약간 오른쪽이다.

제 4 장 – 피칭

그린에서 70야드 이내의 거리에서는 풀스윙이 아닌, 조금 작고 약한 컨트롤 스윙 방식이 적합하다.

볼을 홀 가까이 피치하는 방법에는 여러 가지가 있지만 로프트가 큰 아이언 중 피칭웨지나 샌드웨지 등을 이용하여 볼을 공중으로 높이 날린 다음 핀 주위에 내려앉게 하고 백스핀에 의해 굴러가는 거리를 최소화하는 것이 가장 이상적인 피칭이다. 그러나 때로는 오버스핀을 주거나 볼의 고도를 낮추어 볼이 더 구르게 할 수도 있다.

물론 피칭웨지 클럽만으로도 더 볼을 솟구치게 띄울 수도 있고 반대로 할 수도 있다. 그러나 그렇게 하기보다는 로프트가 다른 웨지클럽을 선택해 사용하는 것이 낫다. 짧은 거리를 남겨 놓고도 꽤 많은 타수를 소비해 버릴 가능성이 높기 때문이다.

피칭샷의 어프로치

볼이 잘 놓여 있지 않거나 장애물이 있을 경우에는 피칭샷을 선택하는 것이 좋다. 그러나 때에 따라선 지형이나 플레이 조건 등에 따라 방법이 다른 어프로치 선택여부를 고려해야 한다.

피치앤드런 스윙

그린이 딱딱하거나 바람이 심하게 불 때, 그리고 핀이 그린 뒤쪽에 있어서 런을 기대할 때 흔히 쓰이는 어프로치샷이다. 기술적인 면은 치핑샷과 거의 흡사하며 피칭웨지나 숏아이언을 사용한다.

양손은 왼발 무릎 위에 위치한다.

엉덩이와 두 무릎은 왼쪽으로 튼다.

스탠스의 중간이 약간 오른쪽에 놓는다.

클럽페이스는 후드되어 로프트가 약화된다.

약간 오픈스탠스를 취한다.

피칭샷의 어프로치

볼이 낮게 날아서
목표지점에 착지한 후
구르는 것을
그려본다.

약간 짧게
그립을
취한다.

백스핀이 거의
필요치 않는 샷이기에
클럽페이스는 약간
닫혀있어야 한다.

목표라인에 맞춰
똑바로 보낸다.

코킹은 거의 없다.

피칭샷의 어프로치

피칭 스윙

풀스윙이 아닌 컨트롤 스윙으로 볼을 높이 띄워 쳐서 런이 거의 없도록 하는 방법이다. 헤저드, 나무, 벙커와 같은 장애물 너머로 볼을 쳐올릴 때 필요하다.

피칭스윙의 관건은 오른팔이 언더핸드로 볼을 던지듯이 움직여져야 하는 것이다.

샷을 하는 동안에는 머리를 절대로 움직이지 않는다.
머리를 너무 숙이는 것도 좋지 않다.

팔은 자연스럽게 아래로 늘어뜨린다.
손과 손목은 단단히 팔의 움직임을 따라줘야 한다.

어드레스

오픈 스탠스를 취하든 스퀘어스탠스를 취하든 몸을 배열한 방향으로 스윙해야 한다. 그러나 클럽의 타구면은 언제나 홀 쪽을 향한다.

어깨와 히프, 그리고 두 발의 방향은 모두 같은 방향을 가리킨다. 로프트가 작은 클럽샷을 할 땐 방향이 목표선과 평행하고, 로프트가 큰 클럽샷을 할 땐 목표지점보다 왼쪽을 향한다.

피칭 스윙

어깨를 비롯한 상체를 회전해서 오른쪽 어깨는 뒤로 물러나는 동시에 위로 올라가고 왼쪽 어깨는 턱 밑으로 내려온다.

엉덩이와 팔은 어깨 회전 동작에 반응해서 자연스럽게 돌아간다.

스윙을 크게 하면 자연히 체중이 오른쪽으로 이동된다.

백스윙

정자세로 서서 시작하되, 볼을 얼마나 멀리 날려 보내느냐에 따라 백스윙에도 제한이 가해진다. 예를 들어 로프트가 큰 피칭샷을 할 때 오픈스탠스로 충분한 백스윙을 함으로써 먼 거리로 볼을 날려 보낼 수 있다.

골퍼라면 누구나 프로샷과 같은 멋진 백스핀 기술을 원한다.
유일한 방법은 코킹을 충분히 해서 손목을 부드럽게 하는 것이다.

팔과 클럽의 진행 방향은 직선이나 약간 업라이트한 느낌이 들어야 한다.

피칭 스윙

임팩트

클럽헤드가 볼과 접촉하는 순간부터 가속화 되게 해야 한다.
이 방법은 힘이 아닌 부드러운 스윙이다.

상체는 어드레스
자세로 돌아오고
체중은 왼쪽으로
이동된다.

부드러운 손목과 팔에 의해
클럽헤드 무게를 느낀다.

엉덩이의 회전이
오른쪽 무릎을 목표방향으로
구부러지게 만든다.
작은 스윙인 경우에는
그 정도도 작게 나타난다.

팔로우스루

스루스윙을 할 때는 손목이 다시 꺾이지 않도록 주의해야 한다. 그래야만 방향이 일정하다. 피칭스윙의 목적은 장타가 아니다.

만일 오픈스탠스였다면 스루스윙 역시 목표지점의 왼쪽으로 몸이 배열되어야 한다.

오른쪽 무릎은 자연스럽게 구부러진다.

볼이 날아간 다음에 고개가 돌아가도록 한다.

임팩트 후에는 백스윙때와 반대로 오른쪽 어깨가 턱 밑으로 내려온다.

체중이 오른발로 옮겨짐에 따라 오른쪽 발뒤꿈치는 지면에서 완전히 떨어진다.

다리는 목표방향으로 향하고 체중은 왼쪽으로 이동된다.

하이피치 (로브) 스윙

핀의 위치가 트랩너머의 고지대이거나, 헤저드 같은 장애물이 있고 핀이 앞에 있을 경우 고도가 큰 연타가 요구된다. 이를 로브샷이라고 하는데 높이 치솟았다가 백스핀에 의해 급히 정지하는 구질의 샷이다. 다음 장에서 설명하는 샌드트랩에서의 샷과 마찬가지로 클럽페이스를 많이 오픈시키고 다운스윙을 예리하게 행해야 한다. 손목의 스냅을 이용하는 고도의 테크닉이 필요하다.

목표지점보다 왼쪽을 향해 정렬시킨다.

보내고자 하는 거리와 띄우고자 하는 높이에 비례해서 넓히고 오픈시킨다.

양 무릎은 왼쪽을 향한다.

체중의 중심은 왼쪽에 있다.

스텐스방향

볼의 진행 방향

어드레스

모든 자세와 클럽은 오픈된다.

히프를 뒤로 빼면 자연스럽게 몸은 굽혀진다.

몸은 왼쪽으로 정렬시키고 클럽페이스는 그만큼 오른쪽으로 오픈시킨다.

유연하게 굽혀 준다.

백스윙 방향은 스탠스와 평행 방향이다.

하이피치 (로브) 스윙

백스윙

상체가 회전하면 스윙동작을 편안하게 하기 위해 하체는 자연스럽게 따라 돈다.

코킹에 의해 클럽은 급격히 올라간다.

어깨의 움직임에 비해 팔과 클럽이 많이 움직인다.

체중의 중심은 아직도 왼쪽에 있다.

오른발 무릎은 굽힌 상태를 유지한다.

상황에 따라 백스윙의 크기를 얼마나 할 것인지, 또한 얼마만한 파워를 스윙에 실어 줄 것인지가 매우 중요한 문제이다. 그러나 요령은 없다. 그것을 이해하는 것은 오로지 연습을 통해 스스로 터득하는 길 뿐이다.

클럽샤프트 - 가파르게 올라간 클럽은 목표라인에 비해 업라이트하게 올라간다.

일반적인 스윙과는 반대로 클럽이 몸을 리드하는 느낌이다.

오른 팔꿈치는 바닥을 향하며 양 팔꿈치의 간격은 여전히 좁다.

하이피치 (로브) 스윙

임팩트

이같은 로브샷은 80야드 이내의 거리라면 어떤 지점에서도 가능하며 다만 백스윙과 팔로우스루의 크기만 조절해 주면 된다.

일반적인 스윙과 비교하면 팔로우스루 자세에 가깝다.

오른쪽 어깨가 턱에 올 때까지 볼을 주시한다.

임팩트존에 들어올 때까지 코킹을 풀지 않다가 임팩트 순간 손목의 스냅은 신속히 이루어진다.

하체는 다운스윙에 들어가면서 약간씩 이동된 체중과 무릎이 목표지점으로 측면 슬라이딩된다.

스쿠프하지 말라 : 일부러 퍼서 올릴 것처럼 클럽을 볼 밑에 넣으려하지 말아야 한다. 스윙과 조준에만 정신을 집중하면 오픈된 클럽의 타구면과 스윙궤도에 의해 커팅된 볼은 만족스럽게 솟아오르게 된다.

손목의 각은 유지된 채 몸을 스치듯 근접한다.

아웃사이드 인의 경로로 내려온다.

뒤로 빠져있는 히프 덕에 팔이 지나갈 공간이 확보된다.

하이피치 (로브) 스윙

팔로우스루

로브샷의 스윙은 완전한 팔로우스루를 하지 않는다. 테니스의 로브와 같이 볼이 떠오르게 하는 것과 정확성을 유지하는 것에 그 목적이 있다.

너무 빨리 눈을 치켜올리고 싶은 유혹을 물리쳐야 한다. 샷에만 정신을 집중하고 임팩트 후에도 볼이 놓여있던 자리에 시선을 고정시킨다.

팔로우스루가 자연스러우면, 로브샷이 부드럽게 되고 볼이 뒤쪽에서 히팅되거나 블레이드에 맞을 위험이 줄어든다.

히프와 다리가 목표지점 쪽으로 돌아갈 때에도 몸의 균형을 유지해야 한다.

하이피치 (로브) 샷

클럽페이스는
계속 열려있다.

팔이 돌거나 손목이 젖혀지지 않도록 해서
클럽이 몸 뒤로 진행되지 않아야 한다.

왼쪽으로 이동된 무릎은 목표를
바라본다.

발은 계속 몸에 붙어
스윙궤도를 따라 진행한다.

스페셜 피칭샷

나뭇가지 밑으로 낮게 보내는 펀치샷

보통 낮은 탄도의 볼은 런이 많으나 스핀을 거는 펀치 피치샷으로 런을 줄일 수있다.

체중을 왼발에 실리도록 한다. 그리고 스윙도중 옮기지 않는다.

약간 오른쪽에 위치한다.

왼손등으로 리드한다.

예각의 클럽헤드로 목표를 향해 낮게 보낸다.

모래가 많은 잔디에서의 피치샷

펀치샷과 같은 내용의 샷이 최상이다.

약간 톱볼이 되는 느낌이
뒤땅을 때리는 것보다
효과적이다.

스페셜 피칭샷

디보트 속에 볼이 있을 때와 깊은 러프에 있을 때의 피치샷

두 경우는 정반대의 상황 같지만 어드레스부터 스윙방법까지 같게 한다. 단 클럽의 선택과 클럽페이스의 열고 닫음에 차이만 있다.

디보트속에 있을때는 클럽페이스를 스퀘어로 하고,

러프속에 있을때는 클럽페이스를 오픈시킨다.

디보트속 : 피칭웨지,
러프속 : 샌드웨지

왼발에 체중을 싣는다.

약간 오른쪽으로 위치시킨다.

두 경우 똑같이 업라이트한 백스윙으로 약간 앞으로 들리고 팔과 코킹의 동작을 활발히 해서 V자형의 백스윙의 아크를 만든다. 둘 다 다운브로우(내려오는 도중에 히팅하는 타법)로 히팅한다는 느낌을 갖는다.

제 5 장 – 벙커 플레이

벙커라는 자체가 골프 플레이의 난이도를 높이고 자신있는 플레이를 방해하는 장애물이기는 하지만 그렇다고 벙커샷에 대해 복잡하게 만들거나 지나치게 어렵게 생각할 필요는 없다. 대체로 몇 가지 기본 원리와 그 방법을 익히되 가능한 한 평상시처럼 스윙한다.

샌드 플레이의 특징

모래 위에서 볼을 친다고 해서 정상적인 스윙플레이를 급격히 수정할 이유가 없다. 변화라면, 어드레스에서 끌어내야 하고 끝내야 한다는 점이다.

그밖에 짧게 칠 것인가와 길게 칠 것인가에 따라 팔로우스루를 얼마나 크게 해줘야 할 것인가가 관건이다. 보통 짧은 거리 샷에는 팔로우스루를 허리 높이로 제한하고 먼 거리 샷에서는 하이 피니시로 마무리 짓는다. 그러나 어떤 거리에도 백스윙의 크기는 거의 변화가 없이 일정하게 한다.

그밖에 클럽페이스를 열고 닫을 경우에 따라 고도의 변화와 스핀의 변화를 이해해야 한다. 그리고 샌드벙커 안에 볼이 놓여진 상태가 항상 무난한 것은 아니므로 처해진 상황과 그 대응책을 검토하며 타구가 어떤 반응을 보일지 이해해야 한다.

백스윙

샌드벙커 스윙

어드레스

벙커샷은 어드레스의 변화를 필요로 하지만 스윙은 여느 어프로치 스윙과 같다.

 단, 클럽헤드가 치는 타점은 볼이 아니라 볼 뒤 3㎝ 정도 떨어진 모래이고 그 속으로 들어가 나올 때는 볼 앞 3㎝ 지나서이다.

시선은 볼 자체에 두지 말고 볼보다 2~3㎝ 뒤쪽에 둔다. 그곳이 바로 클럽이 칠 지점이다.

어드레스때는 볼이나 모래에 클럽이 닿지 않도록 한다.

손은 클럽헤드보다 약간 왼쪽으로 기울여 왼팔과 클럽이 직선상에 놓이도록 한다.

볼은 스탠스의 중심에서 왼발 뒤꿈치 사이에 놓이도록 한다.

스탠스를 비롯해 양 무릎,
어깨 등 몸은 왼쪽을 향하고
클럽페이스는 오른쪽을 향한다.

약간 짧게 그립을 취한다.

클럽이 지나는 스윙궤도는
오픈스탠스와 평행이 되는
아웃사이드 인의 궤도이다.

스윙 중 흔들리지 않도록
모래 속에 파묻는다.

샌드벙커 스윙

백스윙

목표지점의 왼쪽으로 몸을 배열한만큼 그 방향으로 백스윙을 한다.

일부러 '아웃사이드 인' 스윙을 한다고 앞으로 들 필요도 없고 목표지점으로 보낸다고 안쪽으로 당겨서도 안된다. 어느 경우이든 스윙은 스탠스와 평행이다.

오픈되어 있는 클럽페이스는 볼이 튀어올라 홀 쪽으로 날아가서 사뿐히 내려 앉게 해줄 것이다.

볼 자체를 맞히려고 하지 말고 볼 뒤쪽 모래를 겨냥한다.

왼쪽 무릎은 자연스럽게 회전되고 오른쪽 무릎은 편안하게 신축성을 유지한다.

발 바깥으로 체중이 밀려 무너지지 않도록 발 안쪽으로 단단한 발판을 구축한다.

※ 세팅업을 제외하고는 샌드벙커에서의 스윙도 보통 스윙과 다르지 않다. 다만 볼밑 모래 속으로 클럽헤드가 파고들자면 보다 가파른 스윙평면이 필요하다.

각도가 달라지지 않도록 유의해서 회전한다.

각도가 달라지지 않도록 유의해서 회전한다.

팔은 완전히 위로 올라간다. 이는 오픈스탠스와 $\frac{3}{4}$ 백스윙시 당연한 자세이다.

샌드벙커 스윙

임팩트

템포조정이 키포인트이다. 스윙시간을 길게 한다고 생각하라. 볼을 맞히는데 열중한 나머지 클럽헤드를 너무 빨리 내리꽂으려 할 때 실수를 범하게 된다.

타구하기 위해 아래로 스윙하면 몸은 회전하고 체중은 왼발 앞쪽으로 이동된다. 동시에 팔이 내려오고 이때 클럽헤드는 뒤에 끌려내려오는 느낌을 갖도록 한다.

양 어깨와 팔로 구성되는 삼각형은 어드레스때부터 앞으로도 변하지 않는다.

마치 손잡이 끝으로 볼을 치듯이 왼손이 리드되고 팔은 단단히 펴진다.

머리는 고정시키고 눈으로 샷을 주시한다.

백스윙 할 때는 오른쪽 무릎이 회전축이었듯이 퍼워드 스윙에서는 왼쪽 무릎이 회전축 역할을 한다.

※ 이미지 스윙 : 모래 속에 티가 꽂혀 있고 그 위에 볼이 얹혀 있다고 상상해 보라. 그 다음엔 볼을 치는 것이 아니라 티를 쳐서 날려 보낸다고 상상해서 머리속에 그려 본다.

클럽이 모래 속으로 들어가기 전에 체중을 왼쪽으로 이동시킨다. 히프를 왼쪽으로 회전시켜 팔과 손이 클럽을 스윙할 수 있는 공간을 마련해 주면 클럽헤드는 모래 속에서 빠져나온다.

물론 타구하기 전에 클럽헤드가 손보다 먼저 리드되어서는 안된다.

샌드벙커 스윙

클럽은 어드레스때 배열된 방향이 목표지점의 왼쪽으로 진행된다. 클럽페이스가 오픈돼 있는 한 볼은 목표 쪽으로 날아가게 되어 있다.

손목을 꺾거나 팔을 돌려 클럽헤드가 치솟거나 몸 안쪽으로 돌게 해서는 안된다. 끝까지 왼손이 스윙을 리드한다.

팔로우스루

클럽페이스가 볼이 직접 닿지 않고도 쳐낼 수 있는 유일한 타법이 바로 샌드샷이다. 다시 말해서 클럽은 모래를 치고 이때 모래의 폭발력에 의해 볼이 튀어 오르게 되는데 이것이 좋은 샌드벙커샷이다.

※ 모래의 상태에 따라 스윙에 약간 차이가 날 수 있다. 예를 들어 모래가 가볍고 부드러운 상태면 클럽이 쉽게 관통해 지나가지만 모래가 거칠거나 축축해서 딱딱하면 좀더 강한 스윙동작이 필요하다. 발판을 구축할 때 이를 미리 점검하자. 발을 모래 속에 다지며 파묻을 때 모래의 상태를 체크하는 것이다.

몸은 계속 기울어져 있고 양팔의 삼각형은 유지된 채 클럽도 몸과 같이 기울어져 있다.

스페셜 샌드샷

업힐 (왼발 쪽이 오르막일 때) 라이

평탄한 라이때와 같이 샌드샷을 하면 클럽헤드가 모래 속으로 너무 깊이 파고들어서 결과는 미스샷이 된다.

모래의 면과 평행이 되게 어드레스한다.

약간 왼쪽에 위치한다.

대부분의 체중을 오른발에 싣는다.
발 앞부리를 열어 주고
단단히 모래에 묻는다.

일반적인 벙커샷에
팔로우스루 모양과는
달리 양 팔의 로테이션을
충분히 한다.

경사에 따라 어드레스한다.

약간만 오픈한다.

체중을 왼발에 싣는다.

오른발 쪽에 위치한다.

다운힐 (오른발 쪽에 오르막일 때) 라이

톱볼이 되는 실수를 범하기 쉬운 라이에서의 샷이다.

볼의 앞으로 클럽페이스를 떨어뜨린다는 느낌으로 임팩트 후 가능한 낮게 팔로우스루를 한다.

스페셜 샌드샷

볼이 발보다 높게 있을 경우

벙커 속에서 두 번, 세 번 치지 않으려면 다음의 자세를 잘 알아두자.

거의 똑바로 서는 자세에서
팔을 조금 앞으로 내밀어 클럽을 잡는다.
클럽페이스는 약간 오픈시키고
목표보다 오른쪽으로 겨냥한다.
팔로우스루는 왼팔로 밀듯이 하되
확고히 한다.

볼이 발보다 낮게 있을 경우

등과 허벅지에 이르는 엉덩이의 각이 있어야 하고 그 각이 스윙 내내 유지되어야 한다. 즉, 스윙 내내 구부려야 한다는 것이다.

흔히들 다운스윙때 상체를 일으켜 세워서 가장 많은 실수인 톱볼을 내기 때문이다.

목표보다 왼쪽을 겨냥하는 어드레스 방향에도 볼은 오른쪽으로 날아감을 가늠해야 한다.

스페셜 샌드샷

습기에 굳어있거나 딱딱한 샌드

이런 상황에서 흔히 범하는 실수는 클럽헤드가 바운드되며 톱볼을 때리게 되는 것이다.

※ 벙커 둔덕이 낮거나 평평할 때는 런닝어프로치나 칩샷을 할 때도 있고 상황에 따라 퍼터를 사용해도 무방하다.

볼은 스탠스 중앙에 위치하고 클럽페이스는 스퀘어로 한다.

팔과 코킹을 이용해 볼 가까이 히팅하는 V자형 스윙을 한다.

모래 속에 박혀 있을 때

클럽헤드가 확실히 볼 밑을 통과할 수 있도록 해야 하는데 폭발력을 주는 것이 이롭다. 백스핀이 걸리지 않기 때문에 잘 구르게 된다는 특징이 있는데, 만일 핀까지의 거리가 짧을 때에는 깊은 러프 속에서의 샷과 같이 클럽페이스를 많이 열고 넓고 깊게 볼을 파낼 수 있도록 팔로우스루 동작 없이 찍듯이 쳐줘야 한다.

클럽페이스는 스퀘어나 약간 크로스하여 비교적 클럽헤드가 볼 가까이 예각으로 히팅하도록 한다.

스페셜 샌드샷

분화구 같이 패인 곳에 있을 때

한마디로 상당히 어려운 샷이다. 힘껏 스윙해서 볼이 벙커 밖으로 나가도록 하는 것이 최상이다.

피칭웨지로 클럽페이스를 스퀘어하고 넓고 깊게 임팩트하여야 한다.

발자국 속에 볼이 들어갔을 때

누구든 이런 상황에 처할 수 있다. 투덜거리겠지만 나도 스탠드의 흔적을 다듬지 않으면 다른 누군가도 똑같은 곤경에 처하게 된다. 에티켓을 먼저 생각해야 될 상황이다.

클럽페이스를 약간 오픈시키고 V자형 스윙을 한다.

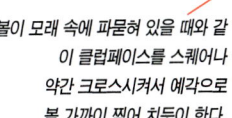

볼이 모래 속에 파묻혀 있을 때와 같이 클럽페이스를 스퀘어나 약간 크로스시켜서 예각으로 볼 가까이 찍어 치듯이 한다.

스페셜 샌드샷

스탠스는 벙커 밖에, 볼은 벙커 안에 있을 때

중심을 바로 잡는 것이 중요한 포인트이다. 그러려면 어쩔 수 없이 팔만 가지고 스윙을 해야 한다.

클럽페이스는 약간 오픈시키고 볼이
약간 오른쪽으로 날기 때문에 왼쪽을
지향해야 한다. 클럽은 가능하면
길게 잡고 머리를 고정시켜서 스윙한다.

스탠스는 벙커 안에, 볼은 벙커 밖에 있을 때

마치 야구 스윙처럼 타점이 높기 때문에 감거나 덮어 치게 된다.
여러 차례 빈 스윙을 통하여 정확한 타점과 임팩트 시의 클럽페이스의 방향을 점검하여 방향과 페이스의 오픈 정도를 가늠하는 것이 좋다.

샤프트를 잡을지언정 가능하면 짧게 잡고
볼 위치를 오른쪽으로 해야 한다.
방향과 페이스의 오픈은 볼 위치의 높이에
따라 결정한다. 즉 높을수록 오른쪽 방향과
페이스를 많이 오픈시켜 줘야 한다.
또 한 가지, 코킹은 절대 하지 않아야 한다.

스페셜 샌드샷

왼발은 벙커턱에, 오른발은 벙커 내에 스탠스를 취할 경우

볼을 목표의 반대방향으로 쳐낼지언정 편한 스탠스를 취해야지 이로울 수가 있다. 하지만 꼭 목표를 향해 쳐내야 할 상황이라면 그림과 같은 자세를 취할 수밖에 없다.

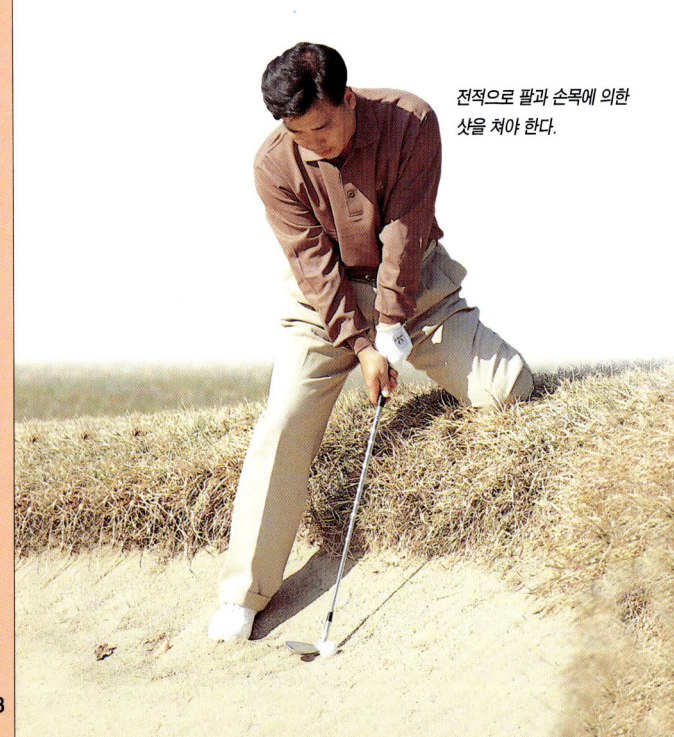

전적으로 팔과 손목에 의한 샷을 쳐야 한다.

경사진 벙커에 모래와 잔디 사이에 볼이 있을 때

업힐 라이에 있는 경우와 비슷하다. 몸의 균형을 유지하는 일에 신경쓰자.

클럽페이스는 오픈시키고
왼발은 굽히되 지면과 평행이 되도록
몸을 같이 기울인다.
볼이 모래 속에 파묻힌 정도에 따라
힘의 차이는 있겠지만 아무튼
힘을 사용해야 한다.

용어해설

A

Address(어드레스) 볼을 치려고 준비한 자세.
Albatross(알바트로스) 파보다 3타 적게 홀을 마치는 것. 미국에서는 '더블 이글'로 더 잘 알려져 있다.
Approach Play(어프로치 플레이) 홀 가까이에서 치는 묘기. 여기에는 칩(chip), 피치(pitch), 러닝(running)어프로치 등이 있다.
Approach Shot(어프로치 샷) 볼을 치려고 준비한 자세.
Apron(에이프런) 그린 입구의 잔디를 잘 다듬은 지역. 페어웨이보다는 짧고 그린보다는 긴 길.
Average Golfer(애버리지 골퍼) 핸디캡 18-15 정도의 수준인 사람을 가리키는 말.

B

Back Spin(백 스핀) 클럽 페이스의 경사각에 의해 볼이 받는 스핀. 고급 플레이어는 스핀을 강하게 하여 볼이 지면에 떨어진 후 바로 멈추게 한다.
Back Swing(백스윙) 클럽을 뒤로 올리는 동작.
Back Tee(백 티) 프런트 티(전방), 미들 티(중앙), 백 티(후방) 등의 세 가지가 있고, 통상 가장 잘하는 플레이어(싱글 이하)가 백 티를 사용한다.
Biginner(비기너) 골프를 처음 시작한 사람, 초보자.
Birdie(버디) 파보다 한 타 적게 홀을 마치는 것.
Blade(블레이드) 아이언 클럽의 칼날형으로 된 타구면.
Blow(블로우) 강타. 볼에 힘을 넣어 치는 동작을 말함.
Bogey(보기) 파보다 한타 많게 홀을 끝내는 것.
Borrow(보로우) 그린 표면의 경사에 대해 플레이어가 볼을 우측으로 보내든가 좌측으로 보내는 것.

Brassie(브래시) 우드 2번 클럽의 다른 말.
Buffy(버피) 우드 4번 클럽의 다른 말.
Bunker(벙커) 지면보다 낮게 움푹 들어간 지역으로 항상 그런 것은 아니지만 보통은 모래로 채워져 있으며 볼을 잘못 쳤을 경우 그 안으로 떨어지게 하려고 설계되어 있다. 미국에서는 '트랩 또는 '샌드 트랩'이라고 한다.
Bunker Shot(벙커샷) 벙커 안에 들어간 볼을 그린 또는 페어웨이로 쳐내는 타법. 이때 클럽을 모래에 소울(Sole)해서는 안된다.
Butt(버트) 그립 쪽의 샤프트 맨앞.

C

Caddie(캐디) 코스에서 플레이어의 골프백을 들어주고 코스나 게임에 대해 조언을 해주는 사람.
Carry(캐리) 친 볼이 공중에서 날아가는 거리.
Cart(카트) 골프 가방을 실어 나를 수 있도록 만든 삼륜차.
Casual Water(캐주얼 워터) 빗물 웅덩이라든가 넘쳐 흐른 물같이 원래 설계되어 있지 않은데도 코스에 물이 있는 것. 만일 볼이 이런 곳에 빠져 있거나 플레이어의 발이 물에 잠기게 되거나, 물에서 플레이해야 한다면 벌타 없이 프리 드롭할 수 있다. 그린에 캐주얼 워터가 있다면 홀과 같은 거리에서 물이 없는 가장 가깝고 물을 피할 수 있는 곳에 옮겨놓을 수 있다.
Chip(칩) 그린 주변에서 로프트가 큰 클럽으로 샷하는 것. 보통은 피칭이나 샌드 웨지를 쓴다.
Chip and Run(칩 앤드 런) 중간 아이언으로 그린 가까이에서 러닝 어프로치하는 샷.
Chip In(칩 인) 칩샷으로 볼이 홀에 들어가는 것.
Chip Shot(칩샷) 그린 근처에서 핀(깃대)을 향하여 치는 샷.

Closed(클로즈드) 스탠스의 방향과 클럽 페이스 방향 사이의 관계. 클럽 페이스가 발 쪽을 향해 있다면 클로즈드된 것이고, 왼발이 타겟 라인에 크로스(가로질러)되어 있다면 스탠스가 클로즈드된 것이다.
Club House(클럽 하우스) 플레이어의 식사, 목욕, 휴식, 탈의, 주차 등을 하기 위한 시설 건물.
Cock(코크) 손목의 꺾임.
Compact Swing(컴팩트 스윙) 빈틈없고 완전한 스윙.
Country Club(컨트리 클럽) 멤버제로 운영되는 골프 클럽.
Course Rate(코스 레이트) 코스의 난이도를 표시하는 숫자.
Cross Bunker(크로스 벙커) 페어웨이 옆으로 길게 늘어져 있는 벙커. 실수로 이 지역에 볼이 들어 갈 수도 있다.
Cut Up(커트 업) 볼을 높이 때리는 것.
Cut Shot(커트 샷) 볼의 스핀이 시계방향으로 생기게 하는 타법으로 그린 위에서 갑자기 볼이 정지된다. 커트 샷은 정교한 기술을 요하는 기법이다. Fade라고도 한다.

D

Dimple(딤플) 볼 표면에 파인 작은 자국
Divot(디보트) 잘 맞은 아이언 샷이 볼을 칠 때 뜯긴 잔디의 조각.
Dogleg(도그레그) 페어웨이가 좌 또는 우로 굽은 코스.
Double Bogey(더블 보기) 한 홀에서 파보다 2타수 많은 것.
Down Swing(다운 스윙) 스윙의 일부분으로서 백스윙의 톱에서부터 볼을 때리기까지의 스윙.
Double Eagle(더블 이글) 파보다 3타 적게 홀을 마치는 것. 알바트로스라고도 함.
Down Blow(다운 블로우) 아래로 내려친 스윙. 디센딩 블로우(decending blow).
Downhill Lie(다운힐 라이) 볼이 내려가는 경사면에 정지해 있는 상태.
Down Swing(다운 스윙) 스윙할 때 백스윙 후에 아래로 내려가는 순서의 스윙.
Draw(드로우) 의도적으로 볼을 약간 좌측으로 휘게 치는 샷.
Driver(드라이버) 우드 1번. 클럽 세트 중에서 가장 파워가 센 클럽이며 티에서 최대한의 거리를 내기 위해 사용한다.
Driver Shot(드라이버 샷) 우드 1번으로 치는 샷. 티샷때 주로 사용된다.
Driving Range(드라이빙 레인지) 250야드 이상의 거리를 갖춘 연습장.
Drop(드롭) 페널티를 받든 아니든 볼을 들어내야 하는 경우, 플레이어는 똑바로 서서 어깨 높이로 팔을 뻗어서 핀에 가깝지 않게 볼을 떨어뜨리는 것.

E

Eagle(이글) 파보다 2타 적게 홀을 마친 것.
Edge(에지) 홀, 그린, 벙커 등의 가장자리 또는 끝을 말한다.
Even(이븐) 스트로크수가 같을 때, 승패의 우열을 가리기 어려울 때, 이븐파라 하면 코스의 규정 파와 같은 스트로크를 말한다.
Explosion Shot(익스플로젼 샷) 벙커의 모래 속에 볼이 파묻혀 있을 때 탈출하기 위해 하는 샷.

F

Face(페이스) 볼을 치는 클럽헤드의 면.
Fade(페이드) 의도적으로 볼을 왼쪽에서 오른쪽으로 약간 휘어져 날아가게 하는 샷.
Fairway(페어웨이) 티와 그린 사이에 짧게 잔디를 깎아놓은 곳.

용어설명

Fairway Woods(**페어웨이 우드**) 티샷 후에 볼이 플레이 상태에 있을 때 사용하기 위해 디자인된 2, 3, 4, 5번 우드, 그리고 때로는 이보다 높은 번호의 우드도 사용한다.
Finish(**피니시**) 스윙의 완료 자세. 또는 경기 끝.
Flat Swing(**플랫 스윙**) 몸을 돌아서 하는 궤도가 낮은 스윙.
Follow-through(**폴로스루**) 임팩트 이후의 스윙의 한 부분.
Full Swing(**풀스윙**) 최대한으로 스윙을 한다는 뜻.

G

Gallery(**갤러리**) 골프 시합을 관전하러 온 관중.
Grass Bunker(**그래스 벙커**) 모래는 없고 풀만 있는 벙커.
Green(**그린**) 잔디를 짧게 깎고 잘 다듬어놓은 타겟지역으로 홀이 있다.
Green Fee(**그린피**) 플레이어가 지불하는 코스 입장료.
Grip(**그립**) 클럽을 잡고 있는 손의 위치, 또한 클럽샤프트의 끝에 있는 고무나 가죽으로 감은 손 잡는 부분.

H

Half Shot(**하프샷**) 백스윙을 절반 정도만 하는 타구동작인데 거리에 따라 조정하여 샷한다.
Half Swing(**하프스윙**) 풀스윙을 반 정도의 힘으로 줄여서 하는 스윙.
Handicap(**핸디캡**) 코스의 파에 비교하여 플레이어의 실력을 비교하는 것. 핸디캡 20의 플레이어는 파 70짜리 코스를 90의 스코어로 마쳐야 한다. 핸디캡을 허용함으로써 실력이 다른 사람끼리도 이런 조건하에 동등한 경쟁이 가능하다.
Hazard(**해저드**) 벙커나 도랑같이 원래 설계에 의해 만들어져 있는 코스내의 장애물.
Head Up(**헤드업**) 스윙시 임팩트 전에 머리를 드는 동작.
Heel(**힐**) 샤프트 끝에 있는 클럽 헤드 부분.
Hole-In-One(**홀인원**) 티 그라운드에서 단 한 번에 홀에 넣는 것.
Hall Out(**홀아웃**) 한 개의 플레이가 끝난 것.
Honor(**오너**) 전 홀에 이긴 사람이 먼저 티샷할 수 있는 명예를 가진다는 뜻.
Hook(**훅**) 볼이 좌측으로 심하게 휘는 잘못 친 샷(오른 손잡이의 경우).

I

Impact(**임팩트**) 클럽의 헤드가 볼을 친 순간 상태.
In(**인**) 컴잉 인(comming in)의 약칭으로 18홀 중 후반의 9홀. 인코스라고도 한다.
In Bound(**인 바운드**) 플레이가 가능한 지역.
Inside Out(**인사이드 아웃**) 클럽헤드를 비구선 안쪽으로부터 볼에 닿도록 바깥쪽으로 스윙해 쳐나 는 것.
Iron(**아이언**) 쇠로 만들어진 골프 클럽. 퍼터는 제외한다.
Iron Shot(**아이언 샷**) 아이언 클럽으로 친 샷.
Interlocking Grip(**인터록킹 그립**) 그립을 잡는 한 방법으로 오른손 약지와 왼손 인지를 걸어 쥐는 방법으로 손이 작은 골퍼나 힘이 약한 골퍼에게 좋은 방법이다.

L

Lateral Water Hazzard(**병행 해저드**) 도랑이나 개천, 또는 연못이 홀과 나란히 있는 것. 여기에 빠진 볼은 1벌타를 받고 좌우 어디에 놓고 쳐도 무방하다.
Lie(**라이**) 볼이 서 있는 자리를 라이라고 하며, 또한 클럽의 샤프트와 헤드의 각도를 뜻하는 말이기도 함. 키가 크고 작은 사람을 위해 다양한 각도로 되어 있음.
Line Up(**라인 업**) 퍼팅 방향으로 볼과 홀을 연결하는 선을 눈으로 정하는 것.

Local Rules(로컬 룰) 스코어 카드의 뒷면에 적혀 있는 코스의 흔하지 않은 특징이나 장애물에 대해 분명하게 규정해 놓은 것. 로컬 룰은 PGA룰에 우선한다.

Loft(로프트) 볼을 높이 띄우거나 낮게 띄우기 위한 클럽헤드의 경사각.

Long Hole(롱홀) 파 5 이상의 거리가 먼 홀, 파 4의 홀은 미들홀, 파 3의 홀은 쇼트홀(short hole)이라 한다.

Long Iron(롱 아이언) 아이언 클럽 중 1, 2, 3번을 말한다.

Loose Impediments(루즈 임피디먼트) 실제로 자라나는 것은 아니지만 나뭇가지나 잎 등을 가리키는 말이며, 볼 밑에 깔려 있지 않으면 패널티 없이 들어낼 수 있음. 볼은 절대로 움직여서는 안 됨.

Lost Ball(로스트 볼) 5분간 찾다가 찾을 수 없는 볼. 1벌타를 받고 원래 잃어버린 볼을 쳤던 장소로 돌아가서 샷하게 되며 3타째가 된다.

M

Mark(마크) 그린 위에서 플레이어가 다른 사람의 퍼팅 라인에 방해되지 않기 위해, 또는 볼을 닦기 위해 집어든 자리를 표시하는 것.

Marker(마커) 다른 플레이어의 스코어를 기록하는 플레이어.

Match Play(매치 플레이) 타수로 승부를 결정하는 것이 아니고, 이긴 홀의 수에 의해서 결정되는 것.

Medium Iron(미디엄 아이언) 아이언 클럽 중 4, 5, 6번을 총칭하는 말. 미들 아이언과 같다.

Middle Hole(미들 홀) 230~430의 홀. 파 4의 홀.

Mulligan(멀리간) 티샷에서 볼을 나쁘게 쳤을 때 벌타 없이 주어지는 세컨 샷

N

Natural Grip(내추럴 그립) 야구 방망이를 쥐듯이 하는 그립 방식으로 베이스볼 그립(baseball grip), 텐 핑거 그립(ten finger grip)이라고도 한다.

Neck(네크) 클럽헤드와 샤프트가 연결되는 부분.

Net Score(네트스코어) 라운드의 스코어에서 자기 핸디캡을 뺀 스코어.

O

On(온) 볼이 그린 위에 있는 것.

Open(오픈) 스탠스의 우측으로 클럽 페이스가 향해 있고 발은 타겟 라인의 왼쪽을 향해 있는 상태.

Open Face(오픈 페이스) 클럽 페이스를 수직보다 더 벌어지게 하는 것. 높은 비구선을 그리게 된다.

Open Game(오픈 게임) 프로와 아마추어가 함께 하는 경기.

Open Stance(오픈 스탠스) 기본적인 3가지 스탠스 중 하나로 정상적인 어드레스에서 왼쪽 발을 뒤로 물러서게 한 자세.

Out(아웃) 18홀의 전반 9번까지의 홀을 말한다. 고잉아웃(going out)의 준말.

Out of Bounds(OB) 볼을 플레이할 수 있는 지역이 아닌 곳. 말뚝이나 울타리로 표시되어 있다. OB지역으로 볼이 들어가면 원래 볼을 쳤던 자리에서 다시 플레이해야 하고 1벌타를 받는다. 경기의 원활한 진행을 위해 OB티가 별도로 있는 곳에서는 OB티에 나가서 플레이해야 한다.

Overlapping Grip(오버랩핑 그립) 가장 많이 사용하는 그립의 방법으로 오른손 약지를 왼손 검지 위에 포개어 쥐는 방법으로 해리바든이 고안했다. 바든 그립이라고도 한다.

Over Par(오버 파) 각 홀의 타수가 파보다 많은 것.

Over Spin(오버 스핀) 백스핀의 반대말로 공

용어설명

의 회전이 날아가는 방향으로 생긴다.
Over Swing (오버 스윙) 백스윙의 정점에서 클럽헤드가 수평 이하로 내려가는 것.

P

Par (파) 한 코스나 한 홀에서 스크래치 플레이어가 기록할 수 있다고 예상하는 스코어.
Penalty (패널티) 스트로크 플레이에서는 규정을 위반하면 보통 2벌타를 받고 매치 플레이에서는 그 홀을 잃게 된다.
Pin (핀) 홀에 꽂혀 있는 플래그 스틱(깃대)의 다른 표현.
Pitch Shot (피치샷) 그린에 볼을 올리는 짧은 샷. 높이 띄워줌으로써 지면에 떨어져 구르는 것을 막는다.
Pitching Wedge (피칭 웨지) 피치 샷때 사용하는 아이언 클럽.
Provisionnal (프러비저널) 먼저 친 볼을 잃어버린 것 같거나 OB지역으로 들어간 것 같을 때 잠정구를 치는 것. 이 잠정구 샷도 계산되고, 먼저 친 볼을 찾지 못하면 패널티와 먼저 친 샷도 합산된다. 먼저 친 볼을 찾으면 잠정구는 사용하지 못한다.
Public Course (퍼블릭 코스) 회원제가 아닌 누구에게나 공개되는 코스를 말함.
Push (푸시) 타겟의 우측으로 똑바로 날아가는 샷.
Putt (퍼트) 그린 위에서 퍼터를 이용해 볼을 굴리는 샷.
Putter (퍼터) 퍼트에 쓰는 클럽으로 T, D, L형의 3종이 있다.
Putting Line (퍼팅 라인) 그린 위의 볼과 홀을 이은 선으로 공격선을 뜻한다.

R

Recovery Shot (리커버리 샷) 실패한 타구를 만회하기 위한 샷.
Regular Tee (레귤러 티) 보통 사용하는 티. 중간에 위치한 티. 화이트 티(white tee)라고 도 한다.
Repair (리페어) '수리하다'의 뜻으로 디보트 또는 볼 마크를 리페어한다고 말한다.
Rough (러프) 잔디가 덜 다듬어지고 풀이 자라는 페어웨이의 경계선.
Round (라운드) 코스를 한바퀴 도는 것.
Rules (룰) 전세계의 골프계는 영국의 R&A와 미국골프협회에 의해서 규제된다. 로컬룰은 클럽의 특정한 상황에 맞도록 규제하기 위해 클럽에서 정한다.
Running Approach (러닝 어프로치) 어프로티 샷의 한 방법으로 로프트가 약간 있는 클럽으로 지 면으로 떨어진 후 볼을 멀리 가도록 하는 샷이다.

S

Sand Bunker (샌드 벙커) 모래벙커, 혼히 벙커라고 말함.
Sand Wedge (샌드 웨지) 가장 로프트가 큰 아이언 클럽으로 벙커에서의 샷과 피칭에 사용한다.
Shank (생크) 호셀이 있는 부분의 클럽헤드로서 여기에 볼이 맞으면 우측으로 날아간다.
Short game (쇼트게임) 그린에 어프로치하는 샷, 그리고 퍼팅.
Short Hole (쇼트 홀) 파 3홀.
Single (싱글) 싱글 핸디캡의 약어로 1~9까지의 핸디캡을 가리킴.
Slice (슬라이스) 좌측으로부터 우측으로 날아가는 잘못된 샷.
Sole (솔) 클럽헤드의 밑바닥.
Spoon (스푼) 우드 3번의 별칭.
Square (스퀘어) 타겟 라인에 평행하게 어드레스 되어 있는 몸의 위치를 스퀘어라고 한다. 직각이라는 뜻.
Stance (스탠스) 볼을 치기 위해 양발의 위치를 정렬하는 것.
Stiff (스티프) 단단한 클럽의 샤프트. 또는 자

세가 굳어있는 경우도 말한다.
Stroke(**스트로크**) 골프의 샷.
Sway(**스웨이**) 스윙할 때 몸의 중심선을 좌우 또는 상하로 이동시키는 것.
Sweet Spot(**스위트 스파트**) 클럽헤드의 중심부분.
Swing Weight(**스윙 웨이트**) 한 세트의 클럽일 경우 균형과 클럽의 전체 무게를 측정하는 것으로 모든 클럽은 스윙할 때 같은 느낌이 와야 한다.

T

Take Away(**테이크 어웨이**) 테이크 백(take back)이 라고도 하며 어드레스에서 클럽을 들어올리는 순간의 단계로 백스윙의 처음 동작이다.
Teeing Ground(**티 그라운드**) 매 홀 첫샷을 하는 평평한, 때로는 경사도 있는 지역. 남자의 시합 티(타이거 티 또는 챔피언 티, 백 티 라고도 함)와 일반 남자의 티, 조금 짧은 남자용 티, 그리고 레이디의 티로 여러 개의 티 그라운드가 있다.
Tee Up(**티업**) 볼을 치기 위해 티에 볼을 올려놓는 것.
Through Swing(**스루 스윙**) 볼을 실제로 때리는 스윙의 한 부분(다운 스윙에서 폴로 스루까지를 의미한다).
Through The Green(**스루 더 그린**) 티 그라운드, 퍼팅 그린, 해저드, OB 지역이 아닌 골프코스.
Toe(**토우**) 샤프트에서 가장 멀리 있는 클럽헤드의 끝부분.
Top(**톱**) 볼의 윗부분을 치는 것. 토핑이 된 볼은 공중으로 뜨지 않는다.
Trap(**트랩**) 샌드 벙커.
Turf(**터프**) 잔디.

U

Under Par(**언더파**) 파보다 적은 스코어.
Under Repair(**언더 리페어**) 코스내에 있는 수리지역. 흰 선이나 붉은 말뚝을 이용한다.
Unplayable(**언플레이블**) 플레이어는 볼의 상태가 플레이할 수 없다고 생각되면 언플레이어블을 선언할 수 있고, 1벌타를 받은 후 홀에 가깝지 않은 곳에 드롭할 수 있다. 벙커에서의 언플레이어 블은 벙커 안에 드롭하거나 아니면 원래 쳤던 곳으로 돌아가서 다시 플레이해야 한다.
Uphill Lie(**업힐 라이**) 볼이 플레이어의 발보다 높은 경사에 있는 경우.
Upright Swing(**업라이트 스윙**) 클럽헤드의 움직임이 거의 수직인 스윙 스타일.

V

Vardon Grip(**바든 그립**) 해리바든에 의해 만들어진 그립으로 오버랩핑 그립. V자 그립이라고도 함.

W

Waggle(**왜글**) 플레이어가 어드레스에서 긴장을 풀기 위해 클럽을 좌우로 흔드는 동작.
Water Hazard(**워터 해저드**) 코스내의 호수, 연못, 습지, 냇물 등 의도적으로 설계된 장애물.
Wedge(**웨지**) 로프트가 큰 페이스를 가진 클럽으로, 퍼팅과 샌드웨지 아이언 같은 것이다.
Woods(**우드**) 먼 거리를 보낼 수 있도록 길게 고안되고 헤드가 감나무, 물푸레나무 등으로 만들어 진 클럽. 각종 금속으로 만들어진 메탈 우드도 있다.
Wrist Cock(**손목 코킹**) 백스윙시 클럽이 올라가며 시작되는 손목이 자연스럽게 꺾이는 동작.

Y

Yard(**야드**) 영국에서 쓰는 길이를 나타내는 단위로 1야드는 3피트 즉, 0.91438cm이다.

전국 골프장 부킹전화 안내

경기도

NO	골프장명	홀	부킹전화	현장전화	주 소
1	강남300	18	(0342)718-1144	(0342)719-0300/1	광주군 광주읍 목리 산 74
2	경기	27	(0347) 63-0073	(0347) 64-8877	광주군 실촌면 묘향리 156-1
3	곤지암	18	(0347) 60-3416/7	(0347) 60-3502	광주군 도척면 도웅리 100
4	골드	36	(0331) 777-2121	(02) 744-8111/3	용인군 기흥읍 고메리 산 18
5	관악	36	(0339) 376-6711	(0339) 252-3171/3	화성군 동탄면 오산리 산 22
6	광릉	18	(0346) 556-4390	(0346) 554-7001	남양주시 진접읍 팔야리 산 1
7	금강	18	(0337) 84-2305/6	(0337) 84-9951/3	여주군 가남면 본두리 1-2
8	기흥	36	(0339) 376-4001	(0339) 376-4005	화성군 동탄면 신리 산 46-1
9	김포	18	(0341)987-2046/7	(0341) 987-9992/3	김포군 월곶면 포내리 산 49-3
10	나다	27	(0334) 74-7755/7	(02) 525-4586	안성군 금광면 삼흥리 산 1
11	나산	18	(0357) 32-7979	(0357) 31-2003	포천군 일동면 기산리 산 142-1
12	남부	18	(0331) 281-8601/2	(0331) 281-1631	용인군 기흥읍 보라리 1-35
13	남서울	18	(02) 929-2611/3	(0342)709-6007/8	성남시 분당구 백현동산 71-2
14	남수원	18	(0331) 36-1044	(0331) 37-1201/2	화성군 태안읍 송산1리 170
15	뉴서울	36	(02) 766-4556/4566	(0347) 62-5671/4	광주군 광주읍 3리 산 1번지
16	뉴코리아	18	(02) 353-0091	(02) 353-0091	고양시 신원동 227-12
17	다이너스티	18	(0351) 867-0836	543-0413/4	동두천시 하봉암동 33-1
18	대영	27	(02) 561-0661/4	(0337) 881-1500/7	여주군 북내면 운촌리 산 40
19	덕평	18	(0336)638-4082	(0336) 638-9626/9	이천군 호법면 매곡리 산 704-28
20	동서울	18	(02) 488-8181/2	(02) 480-5600	하남시 감이동 260-1
21	동진	27	(02) 263-2001/4	(0336) 30-7500	이천군 모가면 두미리 산 76
22	로얄	18	(0351) 40-6320/4	(0351)40-1515/7	양주군 주내읍 만송리 555
23	미션힐스	18	(02) 3452-5131	(0337) 86- 8656	여주군 강천면 우평리 산 47-1
24	발안	18	(0339) 52-4771/2	(0339) 52-5061/2	화성군 팔탄면 해창리 256-5
25	서서울	18	(0348) 943-4103/4	(0348) 943-0040	파주군 광탄면 용미리 산 79-12
26	서울	36	(0339) 969-0811/7	(0344) 969-0811/7	고양시 원당동 산 38-23
27	신라	27	(0337) 86-3030/4		여주군 북내면 덕산리 산 3-1
28	수원	36	(0331) 281-6611/2	(0331) 281-6613/4	용인군 기흥읍 구갈리 313
29	산정호수	36	(02) 325-6677	(0357) 31-3841	포천군 영북면 산정리 558-1
30	신원	27	(0335) 33-1800		용인군 이동면 묵리 산 49-1
31	신안	18	(0334) 73-8853	(0334) 72-7207	안성군 고삼면 가유리 650
32	송추	18	(0351)871-9410/6		양주군 광적면 비암리 산 32-1
33	아시아나	36	(0335) 34-8125/9	(0335) 34-8800	용인군 내사면 대래리 산 281-1

34	안성	18	(0334) 74-9121/2	(0334) 74-9111/7	안성군 죽삼면 장개리 736-1
35	안양	18	(02) 866-1414/5	(0343) 62-0051/2	군포시 부곡동 1
36	양주	18	(0346) 592-6061/2	(0346) 592-0561/2	남양주시 화도읍 금남리 300
37	양지	27	(02) 515-1020	(0335) 38-2001/4	용인군 내사면 남곡리 34-1
38	양평	27	(02) 3453-6271	(0338) 71-201/3	양평군지재면 대평리 산 112
39	여주	27	(0337) 82-5881/2	(0337) 83-3547	여주군 여주읍 원송리 35-10
40	유명산	27	(02) 516-9444	(0356) 84-3333/6	가평군 설악면 방일리 산 90-2
41	은화삼	18	(0335) 36-3600/1	(0335) 35-8258/9	용인군 용인읍 남리 산 118-1
42	이포	18	(0337) 86-8080/2	(0337) 86-8700/3	여주군 금사면 장흥리 산 1
43	일동레이크	18	(0357) 536-6810	(0357) 536 -6803	포천군 일동면 유동리 21-2
44	자유	18	(0337) 84-8400/5		여주군 가남면 삼금리 산 44
45	제일	27	(02) 233- 6202	(0345) 416-6500/5	안산시 부곡동 산 587
46	중부	27	(02) 745-8338	(0347) 62-6588/9	광주군 실촌면 곤지암리 산 28-1
47	지산	27	(03350 34-9342/3	(0335) 33-1474/4080	용인군 원삼면 맥리 산 29-8
48	코리아	18	(02) 777-2167/9	(0335) 34-7112/4	용인군 이동면 서리 772-1
49	클럽700	18	(0337) 84-6040	(0337) 84-0701/5	여주군 대신면 상구리 산 11-1
50	태광	27	(02) 764-7857/8	(0331) 281-7111/5	용인군 기흥읍 신갈리 산 66
51	태영	18	(0335) 32-7139	(0335) 34-5050/1	용인군 원삼면 죽능리 산 38
52	88	36	(02) 766-1888	(0331) 282-0881/3	용인군 구성면 청덕리 산 80-2
53	프라자	36	(02) 745-5311/8	(0335) 32-1122	용인군 남사면 곡무리 산 257-1
54	한성	27	(02) 743-4501/2	(0331) 284-3831/7	용인군 구성면 고정리 산 32-1
55	한양	18	(0344) 969-0811/7		고양시 원당동 산 38-23
56	한원	27	(0339) 73-7111/4		용인군 남사면 북리 859-1
57	한일	36	(0337) 84-0605	(0337) 84-7000/7	여주군 가남면 양귀리 산 69
58	화산	18	(0335) 36-5700	(0335) 36-7891/3	용인시 이동면 화산리 산 28-1

강원도

1	강촌	27	(0361) 262-9114	(0336) 260-2122/3	춘천시 남산면 백양리 산 2-5
2	동신	18	(02) 563-6277	(0371) 732-6277	원주시 문막면 군촌리 816-3
3	오크밸리	27	(02) 555-5005		원주시 지정면 월송리 산 170
4	설악프라자	18	(0374) 729-3894/8	(0392) 635-7711/9	속초시 장사동 24-1
5	용평	18	(0374) 36-3123	(0374) 35-5757	평창군 도암면 용산리 130
6	춘천	27	(0361) 60-1327	(0361) 260-1114	춘천시 신농면 정촉리 산 47-2
7	휘닉스파크	18	(02) 554-5600	(0347) 33-6000	평창군 봉평면 무리리 723

충청도

1	남강	18	(0441) 43-3711	(0441) 864-5001/10	충북 충주시 양성면 중심리 산 11-1

전국 골프장 부킹전화 안내

2	도고	18	(0418) 40-4000/2	(0418) 42-4411/5	충남 아산시 신장면 신성리 113-8
3	떼제베	27	(0431) 234-2880	(0341) 68-2314	청원군 옥산면 황회리 산 102
4	실크리버	18	(0431)69-0791		청원군 남이면 산막리 102
5	충남프레야	27	(0415)62-9715/7	(0415)63-5710/4	충남연기군 전의면 유천리 495-2
6	우정힐스	18	(0417)557-2905	(0417)557-2902/4	충남 천안시 목천면 운전리 산 29
7	중앙	18	(0434)33-6675/6	(0434)534-1001/3	충북 진천군 백곡면 성내리 산 103-1
8	천룡	27	(0343)534-1007	(0434) 534-1001/3	충북 진천군 이월면 신계리 산 78-1
9	청주	18	(02) 236-4367	(0431) 212-7111/4	충북 청원군 오창면 화산리 40-1
10	충주	18	(0441) 853-7241	(0441) 853-7245/7	충북 충주시 금가면 월성리 산 95-1
11	장호원	18	(0441) 852-7241	(0441) 851-5607/8	충북 충주시 앙성면 지당리 산 93

경상도

1	가야	36	(0525) 37-0133	(0525) 37-0091/4	경남 김해시 삼망동 산 1
2	경북	18	(0545) 97-0707	(0545) 972-9100/4	경북 칠곡군 외관읍 매원리 산 23-1
3	경주조선	36	(0561) 40-8409	(0561) 40-8275	경북 경주시 심평동 산 5
4	대구	27	(053) 852-3011	(053) 854-0002	경북 경산군 진량읍 선화리 67-2
5	부곡	18	(0559) 36-6401	(0559) 521-0707/10	경남 창녕군 부곡면 거문리 산 263
6	선산	18	(0546) 473-6207/9	(0546) 473-6200	선산군 산동면 인덕리 산 39-1
7	웅원	27	(0553) 44-2707/9	(0553) 41-0080/4	경남 진해시 웅원동 산 39
8	울산	27	(0522) 68-4755	(0522) 68-0707	경남 울산군 웅촌면 대대리 산 105
9	양산	27	(0523) 81-4447		양산시 용상면 매곡리 산 1
10	창원	18	(0551) 88-4115/6	(0551) 88-4002/4	경남 창원시 봉림동 산 50
11	통도	36	(0523) 370-1353	(0551) 464-7751/4	경남 양산군 하북면 답곡리 233
12	진주	18	(0591) 759-4117/8	(0591) 758-5971/3	경남 진주시 진성면 상촌리 산 1

전라도

1	남광주	18	(0612) 73-7744/7733	(0612) 73-5522	전남 화순군 충양면 양곡리 산 67
2	광주	18	(062) 62-5634/5	(062) 523-5533	전남 북성군 옥과면 합강리 산 166-1
3	무주	18	(02)587-4600	(0657) 324-9000	무주군 설전면 신곡리 산 62-2
4	승주	27	(0661) 740-8218/9	(0661) 740-8000	순천시 상사면 오곡리 산 177
5	이리	18	(0653) 836-2524/5	(0653) 835-2521/3	전북 익산시 덕기동 산 226-1
6	클럽900	27	(0612) 73-2287	(0612) 73- 9933	화순군 도곡면 쌍옥리 산 15-1
7	태인	18	(0681) 32-7200		정읍시 태인면 증산리 산 3

제주도

1	남제주	18	(064) 64-4937		남제주군 남원읍 신흥리 산 309
2	신성	36	(064) 84-4811	(064) 84-3388	북제주군 조천읍 북촌리 산 62
3	오라	18	(064) 47-5105	(064) 278-2105	오라동 289

4	제주	18	(064) 56-0451/4		영평동 2238-2
5	파라다이스	18	(064) 94-1400/		남제주군 안덕면 광평리 산 125
6	중문	18	(064) 38-1201/4		제주도 서귀포시 색달동 3125-1

기타지역

1	남성대	18	(02) 403-0071/5		서울 송파구 장지동 419
2	인천국제	18	(032) 562-9991/2		인천시 서구 경서동 177-1
3	동래	18	(051) 513-0101/4		부산 금정구 선동 산 128
4	부산	18	(051) 508-5001/2	(051) 508-0707/10	부산 금정구 노포동 산 9
5	유성	18	(042) 822-1141	(042) 822-7103/6	대전 유성군 덕명동 215-7
6	육사	18	(02) 972-2111/4	(02) 752-2568/9	서울 노원구 공릉동 230-30
7	계룡대	18	(042) 550-7350		충남 논산군 무마면 남선리 501
8	팔공	18	(053) 982-2121	(053) 982-8080/5	대구 동구 도학동 산 1
9	동부산	18	(0523) 80-7104/5	(0523) 388-1315	경남 양산시 웅상읍 매곡리 131

퍼블

1	가든	8	(0561) 40-5464		경북 경주시 마농 111-1
2	경주	9	(056) 745-2227/8		경주시 북군동 산 35-1
3	경주보문	18	(0561) 773-0707	(0561) 745-1680/1	경주시 천봉면 물천리 180-7
4	낭성대	5	(02) 430-7501/2		서울 송파구 장지동 393
5	뚝섬	5	(02) 497-0707/8		서울 성동구 성수1가 1동 685-20
6	레이크사이드	36	(02) 456-5694/5	(0335) 34-2111/8	용인군 묘현면 능원리 산 5-12
7	발안	9	(0339) 52-5061/2		화성군 팔탄면 해창리 38-4
8	베어스타운	5	(0357) 32-2534		포천군 내촌면 소학리 295
9	상록	18	(0417) 529-9075		충남 천안시 수신면 장산리 669-1
10	송도	8	(032) 833-0505	(0417) 560-9114	인천 연수구 동춘동 844-1
11	알프스	6	(0392) 681-5030		강원도 고성군 관성읍 흘리 107
12	올림픽	9	(0344) 62-0101/5		경기도 고양시 동산동 53
13	용평	9	(0374) 35-5757		강원도 평창군 도암면 용산리 130
14	123	6	(02) 359-6187		고양시 동산동 53
15	태영	9	(0335) 34-5051		용인군 원삼면 죽능리 산 38
16	코리아	9	(0331) 284-9504	(0331) 284-9500	용인군 기흥읍 고매리 산 18
17	파크밸리	18	(0371) 731-4811/3		원주시 속초면 수암리 산 90
18	레이크힐스	27	(0335) 86-8350/3		용인군 남서면 창리 산 103-3
19	화승	9	(0371) 732-3700		원주시 지적면 월송리 산 2-2

MEMO

지은이 | 이종민

1962년 서울생.
US.KPGA 티칭프로. KPGA 티칭프로 부 사업·교육분과 위원장.
스포월드 부헤드프로.
IGA골프 아카데미 원장. 미 인터내셔널 골프아카데미 지도자 과정 수료.
동아일보 '이종민의 골프레슨' 연재. 조선일보 '이종민의 골프아카데미' 연재.
한국경제신문 한경 Business '이종민 골프특강' 연재.
삼성 인력개발원 골프강사. 한미은행 C.M.O 아카데미 골프강사.

이종민 테마골프 II 프로 숏게임 따라잡기

초판 1쇄 발행 | 1998년 12월 20일
초판 3쇄 발행 | 2005년 5월 20일

지은이 | 이종민
펴낸이 | 양동현

펴낸곳 | 도서출판 아카데미북
사진 | ANNA
편집 | Wall 313 02)326-2131
모델 | 함종군 프로
의상협찬 | (주)슈페리어

주소 | 서울특별시 성북구 동소문동 4가 124-2
대표전화 | 02)927-2345 팩시밀리 | 02)927-3199

ISBN 89-87567-43-5 14690

저자와의 협의에 의해 인지는 붙이지 않습니다.
잘못 만들어진 책은 구입한 곳에서 바꾸어 드립니다.

www.academy-book.com